快樂尋味‧中華名菜 150

江畔食途 武漢 南京 杭州 黃山

採訪撰文 | 彭嘉琪

U0044577

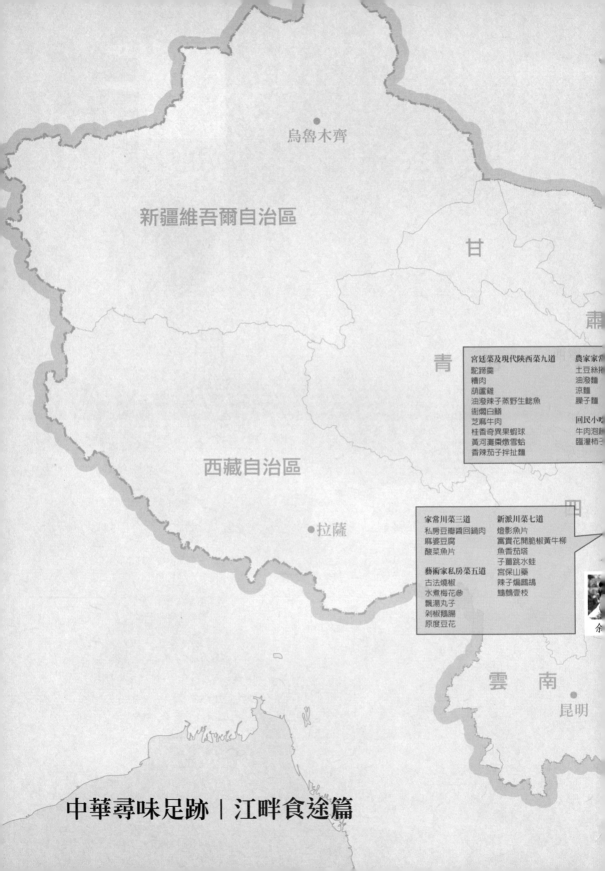

烏魯木齊

新疆維吾爾自治區

甘

肅

青

西藏自治區

拉薩

雲

南

昆明

宮廷菜及現代陝西菜九道 ┊ 農家常
駝蹄羹 ┊ 土豆絲捲
糟肉 ┊ 油潑麵
葫蘆雞 ┊ 涼麵
油潑辣子蒸野生鯰魚 ┊ 糜子麵
衙燜白鱔
芝麻牛肉 ┊ 回民小吃
桂香奇異果蝦球 ┊ 牛肉泡饃
黃河灘棗燉雪蛤 ┊ 臨潼柿子
香辣茄子拌扯麵

家常川菜三道 ┊ 新派川菜七道
私房豆瓣醬回鍋肉 ┊ 燈影魚片
麻婆豆腐 ┊ 富貴花開脆椒黃牛柳
酸菜魚片 ┊ 魚香茄塔
┊ 子薑跳水蛙
藝術家私房菜五道 ┊ 宮保山藥
古法燒椒 ┊ 辣子焗鷯鴣
水煮梅花參 ┊ 鵲鶴壹枝
飄湯丸子
剁椒瓤腸
原度豆花

余

中華尋味足跡｜江畔食途篇

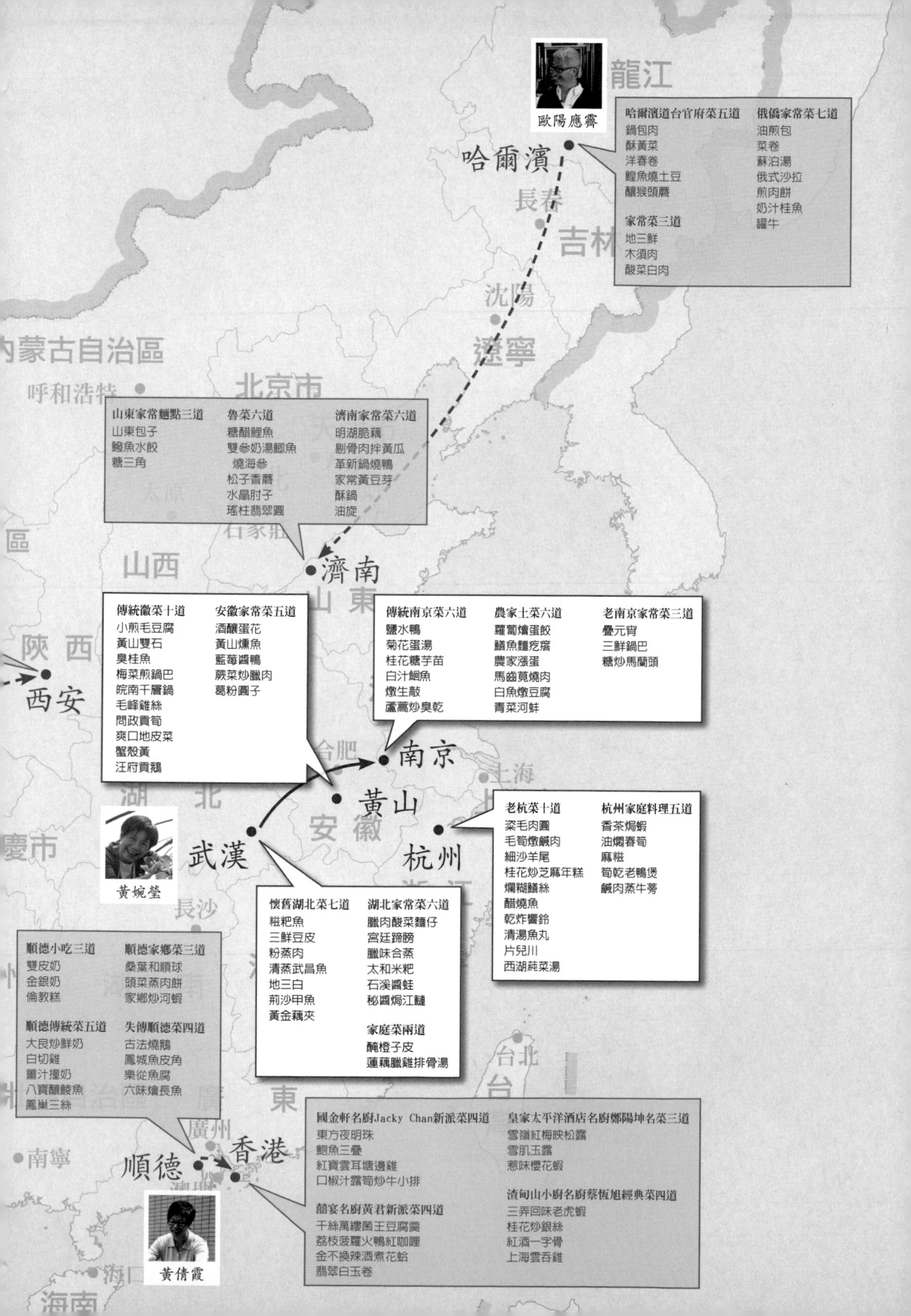

龍江
歐陽應霽
哈爾濱道台官府菜五道
鍋包肉
酥黃菜
洋春卷
鰉魚燒土豆
釀猴頭蘑
家常菜三道
地三鮮
木須肉
酸菜白肉
俄僑家常菜七道
油煎包
菜卷
蘇泊湯
俄式沙拉
煎肉餅
奶汁桂魚
罐牛
哈爾濱
長春
吉林
沈陽
遼寧
內蒙古自治區
呼和浩特
北京市
山東家常麵點三道
山東包子
鱍魚水餃
糖三角
魯菜六道
糖醋鯉魚
雙參奶湯鯽魚
燒海參
松子香蘑
水晶肘子
瑤柱翡翠圓
濟南家常菜六道
明湖脆藕
剔骨肉拌黃瓜
革新鍋燒鴨
家常黃豆芽
酥鍋
油旋
太原
石家莊
山西
濟南
山東
傳統徽菜十道
小煎毛豆腐
黃山雙石
臭桂魚
梅菜煎鍋巴
皖南千層鍋
毛峰雞絲
問政貢筍
爽口地皮菜
蟹殼黃
汪府貢鵝
安徽家常菜五道
酒釀蛋花
黃山燻魚
藍莓醬鴨
蕨菜炒臘肉
葛粉圓子
傳統南京菜六道
鹽水鴨
菊花蛋湯
桂花糖芋苗
白汁鮰魚
燉生敲
蘆蒿炒臭乾
農家土菜六道
蘿蔔燴蛋餃
鱔魚麵疙瘩
農家漲蛋
馬齒莧燒肉
白魚燉豆腐
青菜河蚌
老南京家常菜三道
疊元宵
三鮮鍋巴
糖炒馬蘭頭
陝西
西安
合肥
南京
上海
黃山
安徽
湖北
重慶市
武漢
黃婉瑩
杭州
浙江
老杭菜十道
粢毛肉圓
毛筍燉鹹肉
細沙羊尾
桂花炒芝麻年糕
爛糊鱔絲
醋燒魚
乾炸響鈴
清湯魚丸
片兒川
西湖蒓菜湯
杭州家庭料理五道
香茶焗蝦
油燜春筍
麻糍
筍乾老鴨煲
鹹肉蒸牛蒡
長沙
懷舊湖北菜七道
糍粑魚
三鮮豆皮
粉蒸肉
清蒸武昌魚
地三白
荊沙甲魚
黃金藕夾
湖北家常菜六道
臘肉酸菜麵仔
宮廷蹄膀
臘味合蒸
太和米粑
石溪醬蛙
秘醬焗江鰱
家庭菜兩道
醃橙子皮
蓮藕臘雞排骨湯
順德小吃三道
雙皮奶
金銀奶
倫教糕
順德家鄉菜三道
桑葉和順球
頭菜蒸肉餅
家鄉炒河蝦
順德傳統菜五道
大良炒鮮奶
白切雞
薑汁撞奶
八寶釀鯪魚
鳳巢三絲
失傳順德菜四道
古法燒鵝
鳳城魚皮角
樂從魚腐
六味燴長魚
台北
台
廣東
廣州
南寧
順德
香港
黃倩霞
海口
海南
國金軒名廚Jacky Chan新派菜四道
東方夜明珠
鮑魚三疊
紅寶雲耳塘邊雞
口椒汁露筍炒牛小排
囍宴名廚黃君新派菜四道
千絲萬縷菌王豆腐羹
荔枝菠蘿火鴨紅咖喱
金不換辣酒煮花蛤
翡翠白玉卷
皇家太平洋酒店名廚鄭陽坤名菜三道
雪嶺紅梅映松露
雪肌玉露
惹味櫻花蝦
渣甸山小廚名廚蔡恆旭經典菜四道
三弄回味老虎蝦
桂花炒銀絲
紅酒一字骨
上海雲吞雞

前言
味道筆記

150道菜，150種味道，是歲月沉澱的韻味。

歷經半年，走過大江南北，踏進大小廚房，傾聽每個下廚人的故事，嚐透每口湯裡的酸甜苦辣，剝開蔥蒜穀麥，記下前人的味道筆記。

四川、廣東、香港，成都—順德—香港，說的是「川粵知味」。湖北、江蘇、浙江、安徽，武漢—南京—杭州—黃山，走的是「江畔食途」。山東、東北、陝西，濟南—哈爾濱—西安，記的是「北風經典」。

大城小市，每頓飯細火慢熬，蘊藏點滴親情友愛，細味，飯桌上的快樂人生。

尋味之旅

「蘭陵美酒鬱金香，玉碗盛來琥珀光。但使主人能醉客，不知何處是他鄉。」

因着公務，這些年來我經常要走遍中國各個省市。無數個出差的晚上，當地合資公司的同事總會以家鄉名菜熱情款待，令我這個異鄉人亦感受到家的溫馨。

中國地大物博，各處豐富的物產、歷史和文化背景造就了不同的飲食文化和菜系特色。但最能打動人心的美食，卻非山珍海錯，而是走進尋常百姓家，與當地人一邊喫飯、一邊呷茶，在觥籌交錯中笑談人生。

是故當我們構思出版這一系列有關中華名菜的書時，地道佳餚固然是主菜，然而其背後故事、獨特的食源，以至烹調者代代相傳的民風習俗，亦是必不可少的佐料。於是，與其稱為烹飪書，倒不如說這是一系列有關中華飲食的遊蹤，能藉此推廣飲食文化，正是我們一貫的宗旨。

謹此感謝著名飲食文化作家歐陽應霽先生、私房菜鼻祖余健志先生、著名烹飪導師黃婉瑩女士，及煤氣烹飪中心經理黃倩霞女士的參與和意見。在短短數月間，四位名家走遍大江南北，全賴他們對飲食文化的熱愛，才能為讀者呈現非一般的飲食遊歷。此外，我更希望鳴謝中華煤氣和港華燃氣的內地合資公司同事，在籌備期間不辭勞苦地走訪客戶搜集資料，努力發掘當地有關明火煮食的本土菜色和故事，讓我們得以大飽眼福。

值得一提的是，有鑑於部分地道食材難以在香港找到，承蒙四位烹飪名家的專業建議，食譜中若干食材均能改以合適的本地材料代替，讓讀者在家中享受明火烹調樂趣之餘，足不出戶亦能細味中華名菜的奧妙。

關育材太平紳士
香港中華煤氣有限公司
執行董事暨營運總裁
2012年 春

快樂尋味。中華名菜。

尋味心聲

一親道地烹飪文化

跟香港煤氣公司合作多年，一直非常欣賞他們對美食文化推廣的無限創意及勇於嘗試的精神。今年正是他們150週年，為慶祝這個盛大而重要的紀念，他們構思了這套《快樂尋味‧中華名菜150》。

在接到他們邀請參與這套書的顧問作者一刻開始，我已經充滿期待，因為我知道這將會是香港出版界空前盛大的一次製作及出品，亦將會是本港飲食、食譜書的重要代表作。

從資料搜集，遠赴各地拍攝、編寫及後期製作，製作小組及編輯都付出了無比的毅力、耐性和精神，克服了無數困難，才令這套書得以誕生。其間在我參與的西安和成都這兩個城市當中，更使我獲益良多，我們更有機會深入走進當地百姓民家，親身體驗當地的地道飲食、烹飪文化，感覺他們的生活氣息，這也是我一次難得的經歷。

這是一系列踏遍中國九省十座城市，編輯及各位參與嘉賓用心力及誠意去寫成的作品，能夠參與其中一部份，我實在感到非常榮幸及興奮！

Jacky

回味難忘

因為此書，本人有幸被邀請到魚米之鄉——順德。

當地物產豐富，廚師對菜式的要求非常之高。短短數天的行程，滿足了我的要求，嚐到自小喜歡吃的多種食物，有倫教糕、雙皮奶、魚皮角、釀鯪魚、魚腐等等，都是各有代表性的菜式。順德各大廚盡顯身手，讓我大開眼界，所有菜式的製作皆一絲不苟，而箇中的秘訣，本書會為大家一一解開。

在順德到處也可吃到的倫教糕，是歡姐家族流傳到現在的家傳秘方，她對每一個步驟都非常堅持，保留著原有的風味。最有趣的是，有機會用那陳年的石磨，磨米成漿，一試當年做倫教糕的過程。

雙皮奶更是我夢寐以求的順德招牌甜品，董小姐堅持用當地的水牛奶，所以味道及品質多年不變，仍然保持著那種濃稠香滑，回味無窮！遺憾的是，因當日天氣太差，沒機會走訪水牛場，不能一睹擠水牛奶的過程，不能現場體會新鮮烹製雙皮奶。

短短的數天很快便結束，卻已感受到順德人對食物的執著及要求，讓我們可以嚐到百年真味。

走訪內地十多個城市，盡收天下名菜之餘，我們並沒忘了煤氣的紮根地——香港。香港廚師不斷努力，創作了很多富本地色彩的菜式。黃君師傅的刀工菜「千絲萬縷菌王豆腐羹」是由文思豆腐演變出來，看到千絲萬縷、細如髮絲的豆腐，便知黃君師傅下了多大的工夫，成功的背後是他學廚時為了多一點練習機會，免費為各大小食肆切薑絲。

最後，當然要感謝各位師傅及所有工作團隊為這本書付出的努力，我們才可體會到每位廚師對每一道菜付出的血汗，令出神入化的菜式展現眼前。

Pauline

快樂尋味。中華名菜。

尋味心聲

知味尋源

近年經常南北闖蕩東西奔跑，到過的好玩地方、見過的有趣的人太多太雜，分分秒秒都在挑戰自己的方向感和記憶力。唯是在路上爭取把握每個機會細嚐各個地方的本土食物，才能更準確、深刻的留下對這方水土的味覺回憶，累積描繪出行走中的私家美食地圖。

走萬里路，嚐千家菜。先不要說走遍全球，若能在有生之年走遍全國，在中華八大菜系內外探源溯流，精挑細嚐，那已經是十分感恩的了。這回有幸應邀參與中華煤氣150周年的巡禮活動，走訪了魯菜的重鎮濟南、以及東北菜系的其中一個據點哈爾濱，分別認識了站在第一線、兼具豐富烹調經驗和研究心得的總廚與餐飲業經營者，在忙碌的廚房現場目睹並親嚐美味一刻，也難得的深入兩地市民百姓家，學習當地家常菜的樸實做法，這都是夢寐以求的學習體會。

更重要的，是旅途上的飲食經驗和烹調技法能夠編收整理成書，與全港的美食同好分享，肯定也是源遠流長的中華美食在當下的一種承傳延續。

應霽

尋味心聲
感動心窩

這次的旅程雖然緊湊，但在香港及各地單位的悉心安排及照顧下，令所有訪問都可以順利完成。在短短的數天之內，我與工作人員於熱鬧繽紛的城市及寧靜樸素的鄉鎮之間穿梭，品嚐了不少的傳統及家鄉美食，正好讓我體會到何謂「民以食為天」。而此次旅程讓我最深受感動的，就是各受訪者的熱情款待。

當我們到訪每一間酒家，都一定要深入其廚房，向各位大師傅取經學藝。我所接觸的每一位廚師，都可從他們身上看到他們對廚藝的堅持與尊重。縱然示範的每一道菜都是他們拿手、甚至是鎮店的菜式，但他們並未因此而對箇中的技巧閃爍其詞，反而是把烹調步驟一一細心示範，更將秘技傾囊相授，讓我從中亦可偷學到一招半式，獲益良多。

除了專業廚師外，在家訪時，亦讓我認識了多位隱世大師，他們每位都有祖傳秘技，而很多菜式的背後，原來都隱藏了不少令人窩心的小故事。例如，七十多歲老公公親自下廚「疊」元宵給我們品嚐，他一邊示範，還一邊憶述小時候「吃」的故事，溫馨感人，讓我意識到菜式是有其生命的。

此外，亦有另一家嬸嬸及大姐們的熱情招待。她們不僅大清早便到市場買菜，利用最新鮮的魚、肉烹調巧手家鄉菜，更拿出各款各樣的自家製泡菜與我們分享。原來這些泡菜的秘方都是代代相傳，由婆婆一路傳到女兒、媳婦以至外孫手裡。這些自家醃製、看似毫不起眼的漬物，其實不僅是世代的民間小吃，最重要的是它代表了薪火相傳，讓我體會到食物原來真的可以把家庭聯繫起來。

毫不客氣的我，有幸參與這些家庭與各成員聚首一堂的飯局，讓我的心窩亦不期然地暖起來了。

Annie

快樂尋味。中華名菜。

目次

快樂尋味。中華名菜。

CONTENTS

PART 1

武漢。

江湖鮮活

「才飲長江水，又食武昌魚」，因為毛澤東一句話，渡江而游者如鯽。

與好吃愛做的Annie
一頭栽進湖北廚房。

登黃鶴樓，俯瞰千古長江水悠悠，武昌與漢口合成武漢市，自古是長江畔兵家必爭之地，像錚錚漢子臨江而立。滔滔江水，加上千百湖泊的繚繞水氣，平添一抹柔情。

雖被冠以天上九頭鳥*之名，然而人在江湖，靈活善變通何嘗是缺點？湖北之內盡是江湖，過去江水時常泛濫，日子不容易，幸而江魚遍地，當地人愛做臘魚、糍粑魚，貯糧或為渡過戰火，或為荒年之用，一整年不愁沒魚可吃，何樂而不為？

江畔土地富饒，吃食習慣沿襲至今，撒一把麵粉，抹一把鹽巴，與好吃愛做的Annie一頭栽進湖北廚房。

*源於「天上九頭鳥，地上湖北佬」這句俗諺，形容湖北人狡黠的精明。

武漢。南京。杭州。黃山。

015

武漢每一條小街都可以「過早」，小妹妹背後是聞名小吃街「戶部巷」的熱乾麵。

天色魚肚白，市集裡熙熙攘攘，
烙燒餅，煮熟麵，人們等不及咯，過早去！

一切從「過早」開始

過早，就是在街上吃早飯；小孩吃的「公婆餅」烙得香脆，
老人啖的「雞蛋米酒」甜美滋潤，
還有Annie央請大廚示範的三鮮豆皮。

「每次旅行，遊走在不同城市，有機會嘗到美食，我總會把味道記在心裡，回家試試能不能把它重做出來，做得出來會很開心，做不出來的話，我會一直研究打聽，直到做出來了，才安心。或者，這算是職業病？」穿着羽絨的Annie摩擦雙手，笑著說。

武漢朋友們怕香港人不敢吃地攤，一個勁兒把Annie拉到商場裡去，Annie不願意，反而拉著我們滿大街地找，找小吃。一行人找著湖北人的地道小店時最是雀躍，鄂式湯包肉湯鮮美，不輸江浙小籠，三個人可以大啖四個竹籠四十個的份量，本地人倉敬也為之驚訝，「既然你們喜歡小吃，明天一早，跟我們過早去好了！我們武漢人最喜歡過早，一天沒過早，像缺了什麼。」

武漢。南京。杭州。黃山。

017

1 阿姨烙的公婆餅，是土家族的特產，皮酥肉餡香，Annie吃過讚不絕口。
2 小妹妹手捧一碗麵吃著，眼睛還禁不住盯著阿姨倒出來的麵條看。
3 滿滿的點心蒸籠，熱氣騰騰，驅走冬日寒意。

過早，就是在街上吃早飯。天亮開始，路上已經人頭湧湧，武漢人，都喜歡邊走邊吃，小孩吃的「公婆餅」烙得香脆，老人啖的「雞蛋米酒」甜美滋潤，街角的牛肉湯麵排滿客人，邊嘗邊逛。

眼前這些新知舊雨，讓Annie蠢蠢欲動，眼見上班族圍着大鐵鍋，以為發生什麼事，原來是在等待新鮮「面窩」*和「歡喜坨」**炸好，還有攤販賣著一鍋糯米飯…咦，不對，上面寫的，是「三鮮豆皮」。「這種豆皮，我在上海也吃過，很喜歡吃！回家馬上試做，味道也不錯，很像樣！」Annie口中的上海豆皮，原來源自武漢的三鮮豆皮，既然一趟來到，何不去偷學幾招！

尋訪湖北師傅的路上，大夥經過東湖，早春湖上滿目霧氣撩人，山山水水，如詩如畫。「看過東湖，就不用去西湖了。」駕車的小伙子驕傲地跟大家說，一臉自豪。說實在，武漢確實得天獨厚，一湖一江，養活了多少人。「說起湖北的飲食嘛，湖鮮江鮮吃之不盡。」在武漢吃得好，只是外人不知道。

越過重重迷霧，開始走入大樹林立的平坦路途，一個多小時的路程，大家終於找到「頤和‧尚景」的湖北菜主廚何軍，個子瘦小的他，是曾接待無數領導人的湖北大師的高徒。在他的引導下，我們或許能夠描摹出湖北菜的真貌。

*即麵窩，是武漢的一種早點小吃，炸成的環狀麵食，外皮焦黃，中央凹陷，因而得名。
**是武漢逾百年的小吃，像台灣也吃得到的芝麻球；油炸糯米粉，外裹一層芝麻而成，內鬆軟外酥香。

3

1 早晨的魚市場裡，大叔手上就是紅遍大江南北
  的武昌魚。
2 醃製好的魷魚塊，要撇走香料再炸。
3 范麟埋首炮製糍粑魚，火候十足。

2　　　　　　　**3**

「湖北菜愈來愈不吃重，到處是粵菜和川菜，就連在武漢裡面也一樣。」說起湖北菜的衰落，何軍不以為然。「傳統湖北菜很實在，有濃郁的，像荊沙甲魚，荊沙的辣醬香濃層次多樣；還有清淡的，味道韻味悠長，以前欣賞的人多，像毛主席也喜歡武昌魚，他不是寫過『才飲長江水，又食武昌魚』嘛！」

武昌魚，原產於長江中游一帶、鄂城和武昌縣境內的梁子湖，過去曾是貢品，歷史上許多騷人墨客更對它讚譽有加，為此魚不惜「淹留」*於鄂。確實，鋪上火腿、鮮菇和冬筍，加上點雞湯，上籠清蒸，出來的武昌魚湯鮮肉嫩。

「我們喜歡蘸點江西陳醋和薑絲，夾魚肉吃。」吃起來沒有一點泥氣，魚肉確實很嫩。Annie細嘗時，何軍還繼續說：「最優秀的武昌魚，有十三條主

刺。」說時拿筷子把魚肉翻開，野生的武昌魚會長出第十三條骨，而養殖的，只有十一或十二條，這些說法令江湖名魚更添傳奇色彩。

沒有糯米的糍粑

雖說武昌魚名聞遐邇，蒸魚卻在各省市都有，湖北菜的印象還是不夠深。聽當地人說，還有一種魚叫「糍粑魚」，反而更引人遐思。

「那會不會是用武昌魚加糯米做的？」Annie問何軍，「因為糍粑即是糯米糍嘛！」Annie發揮的想像力，逗得湖北廚子呵呵大笑。「糍粑魚沒有糯米，只是說那個魚吃起來的口感，像糍粑而已！」

*流連，或停頓不前；出自《楚辭‧離騷》：「時繽紛其變易兮，又何可以淹留？」

三鮮豆皮原是「過早」小吃，Annie好奇其中做法，請湖北大廚何軍出師製作。

對糍粑魚，武漢廚子有一種難以言喻的情感，像何軍的徒弟范麟。生於湖北，對於長江水是又愛又恨的，從前長江泛濫成災，許多人痛失家園；然而，江鮮物產豐富，養活了千千萬萬的人，糍粑魚的存在，也是由來於此。

「從小，我們就吃糍粑魚，江水泛濫，把很多江魚沖上來了，媽媽會用蔥、薑、鹽、乾辣椒和乾青花椒把魚醃起來，可以放久一點嘛！到想吃的時候，先泡去多餘鹽分，然後炸來吃。」

現在江水不泛濫了，武漢人吃這道菜，就像為了緬懷兒時風味；做這道魚不用名貴的魚，像鯇魚就好，卻很講究廚子的手藝。

「其實，糍粑魚吃起來要外酥內嫩，重點要掌握炸魚的溫度。先在油溫兩百多度時，高溫炸定型，然後起鍋，再回鍋慢火炸至熟。另外以小火慢慢炒香薑絲、乾青花椒、乾辣椒，再調入黃酒、生抽和糖，小火把汁煮稠，再加入炸好的乾身魚塊，灑芝麻、麻油，煎乾起鍋就行！」

Annie欣賞范麟，看他一手拿着鍋，一手用鍋鏟檢查魚塊的狀態，雙眼專注鍋中，右膝頻頻提高、放低，調校火候，一刻也不分心，至色泛微紅、肉身乾脆始罷休。「這是大廚該有的風範，看他雙腳，就知道他控制火候已經爐火純青，果然青出於藍勝於藍！」

糍粑魚皮香酥脆，紅椒花椒香氣繚繞於外，魚肉吃起來結實，醃鮮魚的作用就在於此，油炸令多餘水分盡出，魚味不見減少，反而更濃縮。

烙豆皮學過早

拜別湖北大廚之前，Annie還有一道菜念念不忘，就是三鮮豆皮；良久，才請得何軍上場示範。

「三鮮豆皮在大酒店裡很少做，這是過早的小吃嘛，不過，要做也是可以的！」何軍慷慨就義。沒法子，三鮮豆

炸得魚塊外酥內嫩，才配得上糍粑魚之名。

皮是糯米飯，吃飽了還點菜？大酒家不做也合情理。「要做豆皮，先要磨豆米漿，在家裡做，工夫不少啊，我就只管說給你們聽好了！」大廚臉上，明擺著一副「我就不信你回家會做」的神情，逗得Annie偷偷笑。

「綠豆和大米泡一晚，一起磨成漿，綠豆和大米比例是一比二，水要用清澈一點的，多過濾幾次，豆米漿才夠細滑。」三鮮豆皮要做得好，煎好後應該色澤金黃透亮，皮薄爽口，最難做的部分，就在烙豆皮。

「倒薄薄一層油，燒紅鍋，舀豆米漿進去，搖鍋等豆米漿燙勻整個鍋，成圓形豆皮了，再倒入發勻的蛋漿，塗勻皮上，蓋蓋子，調小火，烙1分鐘就成。」豆皮從淡米變成蛋黃色，是因為刷了蛋漿。其實，煎的過程，還挺像煎蛋捲，但圓鍋煎出圓皮，最後小方塊如何做成？竅門就在翻面時。

「先用鍋鏟將豆皮邊緣鏟鬆，快手把豆皮翻面，這時要耐得住熱。」在煎好的豆皮中央，鋪上炒好的糯米飯、肉餡和蔥花，成正方型，比例大概只可以佔二分之一，然後，把圓豆皮剩下的四邊摺上，包攏糯米飯，按緊後，再翻面煎。最後，把豆皮切成小方塊，起鍋之前再澆點油就好。

黃澄澄的豆皮裹緊胖胖的油亮糯米，襯上翠綠豌豆，惹人垂涎。Annie迫不及待吃了一塊，「豆皮果然薄而有勁，是米漿做得好的緣故。如果是我，可以再調整一下餡料增香。」眨了眨眼，Annie調皮地説。想必Annie回家會再幻化出武漢豆皮的升級版，呼朋喚友請客！

頤和・尚景
武漢市東湖新技術開發區光谷創意街66號
查詢：86-027-59006666

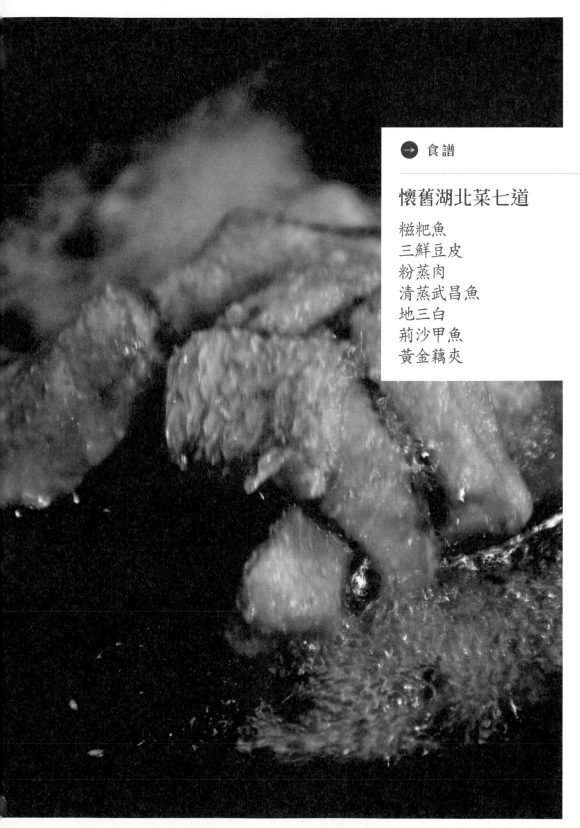

● 武漢位處江畔，周邊湖泊繁多，春夏濕熱難耐，過去甚至有「火爐」之稱。當地人因而嗜辣愛香，多用乾紅椒和花椒，刺激食慾之餘，亦可驅濕。

從前長江畔常有水淹，醃糍粑魚是保鮮手段，現代武漢人做這道菜，則有點懷舊的意思。除了鯇魚，只要魚肉肉身厚實，也是做糍粑魚的好材料。

糍粑魚。

材料

鯇魚｜一條，約1200克

醃料

鹽｜2茶匙、十三香粉｜1茶匙、乾紅椒｜38克
乾青花椒｜少許*、薑絲｜適量、蔥花｜適量

調味料

白糖｜1茶匙、生抽及老抽醬油｜各1湯匙、米酒｜1湯匙
黃酒｜1湯匙、陳醋｜1湯匙、麻油｜少許、炒香芝麻｜1茶匙

做法

1　鯇魚洗淨抹乾，切成三至四公分的厚塊備用。

2　以鹽、十三香、米酒、乾紅椒、乾青花椒、薑絲及蔥段醃魚塊。

3　加了醃料的魚塊放入冰箱內，醃1天。

4　次日取出魚塊，挑掉醃料，沖洗抹乾。

5　燒熱油，魚塊先用高溫炸定型，撈起，回鍋再小火慢炸至熟，起鍋。

6　以少量油小火慢慢炒香薑絲、乾青花椒、乾辣椒，倒入米酒及黃酒，煮開，再加入生抽、老抽及白糖，小火把汁煮稠。

7　加入炸熟魚塊，調入芝麻及麻油，收乾，即可起鍋。

*選乾青花椒是因為它的清香，不會像乾紅花椒的麻度那麼重。

武漢。南京。杭州。黃山。

● 三鮮豆皮傳說源自武漢的老通城酒樓。

豆皮由米漿及綠豆漿製成，煎時加入蛋漿，吃起來米香與蛋香兼備，是當地人吃早餐的一道聞名小吃。

三鮮豆皮。

材料

半肥瘦豬肉 | 150克、冬菇 | 4朵、鮮蝦仁 | 75克、芥蘭梗 | 數棵
雞蛋 | 4顆、料酒 | 半杯、鹽 | 1茶匙、糯米 | 150克、去皮綠豆 | 75克
大米（白米）| 150克、生抽醬油 | 1杯、黃酒 | 少量

做法

1　去皮綠豆洗淨，置清水中浸泡4小時，大米洗淨，置清水中浸泡6小時，二者混合磨成細漿，濾走豆渣備用。

2　糯米洗淨，置清水中浸泡8小時，撈出瀝乾，入蒸籠以旺火沸水蒸熟，取出待涼備用。

3　豬肉洗淨汆燙，倒入少量生抽、黃酒、鹽、清水燜煮，至入味撈出晾涼，約30分鐘。

4　冬菇水發後洗淨，去蒂切成丁；鮮蝦仁洗淨，去腸切丁；芥蘭梗削掉硬皮，切片。

5　大火燒熱油，先略炒芥蘭片，撈起備用。續炒冬菇丁，倒入煮肉汁料一勺，煮10分鐘，再將肉丁入鍋再煮10分鐘至入味，加入炒芥蘭片及蝦仁，略炒起鍋。

6　開中火燒熱油鍋，加入油、鹽及少許溫水炒勻，加入糯米、肉餡及蔥花翻炒，至乾身盛起備用。

7　打勻4顆雞蛋，準備圓形平底鍋，中火燒熱油，將綠豆米漿舀入鍋裡，搖鍋把漿迅速向四周燙勻，成圓形豆皮，倒入蛋汁塗勻豆皮上，蓋上蓋子，調小爐火，烙1分鐘成熟皮。

8　用小鍋鏟將熟皮周圍鏟鬆，雙手將豆皮翻面，均勻灑鹽，然後將炒好的糯米飯鋪勻在豆皮上，豆皮圓邊四下摺起包裹糯米飯，成正方形，一邊煎一邊切成小塊，迅速翻面*，起鍋盛起。

*中途翻面時可加入少許熟油，幫助保持豆皮完整，以防鏟穿。

粉蒸肉。

● 粉蒸肉是湖北家家戶戶都會做的菜。過去種米的農民多，家裡的米配上自家養的豬，是大時大節的必備菜，歷史悠久。

以前的人會把米炒乾、磨碎，做成米粉；現代人多半會買現成的粘米粉代替。有時間的話，還是自家做米粉風味更好。

材料

五花肉｜300克，約3公分厚、白米｜1杯

香料

八角｜少許、桂皮｜少許、乾紅花椒｜少許、乾紅辣椒｜少許

調味料

黃酒｜1茶匙、玫瑰腐乳汁｜2湯匙、甜麵醬｜1湯匙
老抽醬油｜1茶匙、糖｜1茶匙、豆瓣醬｜1茶匙

做法

1 米洗淨抹乾，大火將鍋燒熱，調成中火，將米倒入鍋中，炒至變成微黃色，加入香料繼續炒香，約兩分鐘，挑掉香料備用，盛起炒米待涼。

2 炒米冷卻後，用攪拌機打碎成小顆粒狀，幾秒鐘就好。*

3 把五花肉切成半公分厚片，放入炒過的香料，調入調味料攪勻，醃10分鐘。

4 將打好的米粉加入五花肉中，用手拌勻。

5 準備蒸籠，籠底鋪上荷葉，將五花肉片片攤開於荷葉上。

6 大火燒開水後，放入蒸籠，蓋上蓋，蒸80分鐘即可。**

*時間不可太長，不要將米打成過於細膩的米粉，否則蒸好後沒有口感，成品也不好看。
**蒸1小時，理論上米粉肉已熟，多蒸20分鐘，可以令肉變得入口即化。中途小心乾鍋，有需要時請加開水。

武漢。南京。杭州。黃山。

清蒸武昌魚。

● 武昌魚原產於長江中游一帶、鄂城和武昌縣境內的梁子湖，過去曾是貢品，歷史上許多騷人墨客對它讚譽有加。

鋪上火腿、鮮菇和冬筍，加上雞湯，清蒸出來的武昌魚，湯鮮肉嫩。

材料

武昌魚｜一條，約1200克、鮮菇｜數朵、冬筍｜數片
雲腿*｜數片、薑｜數片、蔥｜數段

調味料

鹽｜1茶匙、胡椒粉｜少許、雞油｜少許
黃酒｜少許、高湯｜2湯匙

蘸料

江西陳醋｜1湯匙、薑絲｜少許

做法

1 武昌魚請魚販代為去鱗與內臟，洗淨並於魚身兩面割十字。
2 蔥段、薑片鋪於盤底，放上魚。**
3 魚面放上火腿、筍片及鮮菇，淋上高湯。
4 水燒開，大火隔水蒸約15分鐘。配小碟的香醋、薑絲，即可上桌。

*雲南特產的宣威火腿。
**蔥段、薑片墊在魚底，可使透進熱氣均勻，保持魚肉嫩度。

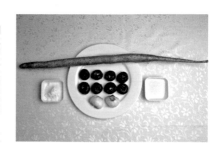

● 湖北的水土物產豐富，這道菜的主要食材——馬蹄、山藥及百合，尋常可見，當地人有生吃，炒菜也常應用。

地三白是由北方地三鮮——馬鈴薯、茄子、辣椒的概念演變而來，然而味道與後者迥然不同，地三白以顏色雪白、食材新鮮為優，味道清新可口，與鄂菜中的濃厚主菜亦成強烈對比。

地三白。

材料

馬蹄（荸薺）｜數顆*
山藥｜1段**、百合｜2顆***

調味料

鹽｜1茶匙

做法

1　馬蹄洗淨，削皮，切片，瀝乾。
2　山藥洗淨，削皮，切滾刀塊，瀝乾。
3　百合洗淨，剝片，瀝乾。
4　下少量橄欖油，小火炒約4分鐘，加點鹽起鍋。

*馬蹄以七、八月生產最好；其他時候的，是農民挖起後用濕泥保存的，水分稍遜。
**山藥以幼細而脆身的為佳。
***百合以飽滿的較甜。

武漢。南京。杭州。黃山。

● 鄂菜以水產聞名，甲魚是其中一種名貴食材，因其滋陰補身而廣受歡迎。

此菜名為「荊沙」，一來因此地是楚文化發源地，二來荊州所產的一種以皺褶紅皮薄辣椒醃製發酵成的辣醬，極其香辣惹味，適宜用於烹調甲魚。

荊沙甲魚。

材料

甲魚｜一隻，約1200克、千張*｜75克

調味料

荊沙紅油醬｜2湯匙、豆瓣醬｜2湯匙、生薑｜數片
十三香粉｜1茶匙、花雕酒｜2湯匙
高湯｜2杯、生抽醬油｜1湯匙、糖｜1茶匙

做法

1　甲魚請魚販代為處理、洗淨、剁成方塊，洗淨汆燙，撈起備用。
2　燒熱油鍋，倒進紅油醬及豆瓣醬，小火略炒至香。
3　準備砂鍋，千張切絲，汆燙後鋪於鍋底。
4　燒熱油鍋，先炒甲魚至有點乾，加入薑片、十三香粉及一匙花雕酒，再炒，約10分鐘至腥味盡除。
5　加入熬好的辣醬炒勻，盛起甲魚及醬料置於砂鍋。
6　甲魚加入生抽、花雕酒及高湯，小火煨至收汁，約30分鐘，起鍋前放點白糖，調勻即成。

*千張是湖北特產，與江浙的百葉味道相似，屬豆製品。

黃金藕夾。

● 湖北是千湖之省，水產豐富，洪湖出產的蓮藕，以其嫩脆聞名於外；適合油炸，以蓮藕近頂的新藕部分才脆嫩。

當地人逢年過節喜歡炸大量藕夾當作小吃，孩子們特別喜歡。

材料

脆藕｜1截、半肥瘦豬絞肉｜150克

調味料

薑末｜少許、蔥花｜少許、生抽醬油｜1湯匙
太白粉｜2湯匙、麵粉｜1湯匙、鹽｜1茶匙
白胡椒粉｜少許、蛋白｜1顆

做法

1　蓮藕洗淨削皮，去掉兩端。

2　做藕夾要橫切兩刀、片成薄夾，第一刀先不切斷，第二刀才切斷。一截蓮藕大概做十多個藕夾。宜準備淡鹽水，浸切好的藕夾，防止氧化變黑。

3　豬肉加生薑末、蔥花去腥，加白胡椒粉、一點水和蛋白拌勻，做成餡料，夾入藕夾內。

4　太白粉和麵粉加水，調成糊狀，藕夾沾麵糊備用。*

5　燒熱鍋，倒入油至足以蓋過藕夾的深度；至油略熱，放入藕夾炸至兩面金黃，先盛起約數十秒，再回鍋炸一遍，撈起瀝油，裝盤即成。

*麵糊的濃度，以筷子沾了仍可流動為標準；無需太稠，炸起時，以藕夾可見藕孔為佳。

武漢。南京。杭州。黃山。

三月的東湖，如詩如畫，難怪武漢人說，看過東湖，不必到西湖了。

冬末，東湖，湖水青青，靜謐裡帶著淡淡禪意。

跟黑玫瑰做麵仔

清水吊線落入麵粉中，一揉一捏之間，
小小顆粒在指縫間滾動成形，
做麵仔，像隱世功夫，還內蘊禪意。

武漢是一個江湖，飲食界亦如是，對外勇猛，對內溫柔，是湖北人性格的寫照，像蔡華姐。

「我的性格很烈，有一次在超市看見有人偷竊，我看不過眼就抓他，圍觀的人都叫我息事寧人，我偏不。他們說這些小偷都是集團，抓他一個不完，一夥人盯上我不好。我不怕，錯就是錯，要抓！」帶我們來的湖北朋友人人等她發話，蔡華姐做事黑白分明，很有點江湖大姐的味道，絕對是不好惹的湖北辣女子，賊人遇到她肯定倒大楣。

蔡華姐一身的貼身黑衣，腳踏三寸的高跟皮靴，走進自家餐廳的廚房中，鞋跟落入溝渠蓋縫，卻仍身手不凡地繼續做麵，讓人差點以為，遇上粵語片的黑玫

1 煮麵仔先要煮好湯汁，製作時間不長，卻是養胃的好食品。
2 蔡華形象酷酷的，與Annie交流做菜心得時卻熱情得很。
3 做麵仔時，手指不停旋動，很有點絕世武功的況味。

瑰。與入時打扮不符的是，黑玫瑰偏偏是入得廚房的賢妻型。

「我六十年代末出生，小時候大概七五年的時候，因為父母很忙又分居兩地，母親帶我們姐妹倆。她是小學老師太忙，所以我帶妹妹在家做飯。六歲開始做稀飯，即是你們南方的粥。七歲多學會做米飯，那個時候沒有電飯煲（電鍋），要先把米倒在鍋裡煮，然後焅起來，再在鍋裡蒸，我們叫焅乾飯；什麼時候開始焅，什麼時候蒸，要學。八歲做餃子，九歲學校有食堂，跟師傅學做包子、饅頭。剛開始蒸一鍋饅頭，麵完全發不開；那時候沒有發酵粉，我們做好了一盤麵，留一坨給下一次發麵時用，經常做不好，無數次的發不開，終於成功了，然後開始包餃子。大概十歲，基本上什麼都可以做。」和Annie

說起童年時，蔡華臉上漾著的是溫暖笑意。

清水吊線落入麵粉中，一揉一捏之間，小小顆粒在指縫間滾動成形，像隱世功夫，還內蘊禪意。和Annie並肩做麵仔，蔡華像回到與妹妹共處的快樂童年。「為什麼叫麵仔？」如蔡華妹妹當年一樣，Annie好奇。

「它不是麵條，怎麼說呢？應該說和山東、陝西、山西等地方的麵疙瘩有點相似，卻又不同。它的大小大概就只有米粒、綠豆那麼大；叫麵仔，是因為小。」

湖北在漢中，南北交界，無論飲食或話語，也有南北交匯之感。蔡華家住鄂西北，靠近河南，做的是麵食，卻有粥的感覺。「做麵仔，是用麵粉，然後加入

2

3

1

2

大約用來揉麵糰水量的三分之一，用手指把它揉均勻，只用手指揉，不用掌，用掌就搓成麵糰了，用手指把它們揉成綠豆一樣。」

麵仔暖胃，小孩和老人也適合吃，煮的手法，湖北常見的是臘肉酸菜。或番茄雞蛋，也可以像南方做粥一樣，用海鮮、蝦或肉末。

承傳御廚原味

蔡華熱愛做菜，一直想自己開一家店。「已經太久了，雖然武漢到處是食店，但很多不是真的做菜，吃著只是滿口味精。」

因此，她開了一家餐廳，名叫「本味」。「本味是食物最高境界，出自呂氏春秋。我真的希望做到原食原味，就算大廚說，調料不能不放，也希望盡量

少放，像我們家的宮廷蹄膀。」

選年限一年的豬，太嫩太老都不好，豬前腿不過兩斤半；除毛不能用火燒，要用鉗子拔，因為燒會有味道；氽燙去異味後上糖色，老黃冰糖比白冰糖有味道；加薑，加蔥，擱點鹽，擱點生抽醬油，隔水上蒸籠蒸五個小時，中途不能加水。

「這道宮廷蹄膀，是鄰居教曉我的，她知道我喜歡做菜，把她公公的秘訣都告訴我了。從前她公公住筒子樓，就是那種一條長走廊串連許多房間，兩端通風，狀如筒子的筒子樓。七十年代公家分配住房，大家都住這種樓。

在筒子樓裡，廚房是公用的，她公公小時有機會看一位老人家做菜，總自動自覺的幫忙老人。老人做豬蹄膀，他就幫

武漢。南京。杭州。黃山。

1 因為位處湖畔,本味餐廳的設計以自然荷花為主題,身處其中安逸怡人。

2 為餐廳起名「本味」,蔡華的靈感源自《呂氏春秋》。

忙拔毛,老人覺得他乖巧,於是把畢生絕學都告訴他,公公後來才知道,老人是御廚的孫子。」

御廚的秘方,前期工作不馬虎,除毛雜水切記細心,小火加油熬冰糖成糖色,一道豬蹄膀,花半天時間是起碼的。豬蹄膀經歷五個小時蒸騰,色澤仍然油亮,肉肘看似完整,用筷子一戳,原來肉早酥爛,落入濃郁肉汁,香氣撲鼻,吃起來豐腴軟滑,卻肥而不膩。

臘月鹽封鮮味

臘月時節,搜羅青魚十斤,去鱗開背,抹一把鹽巴、一把花椒;魚背朝上,一層魚,一層肉,一層雞,封缸,取大石壓緊;一周,串起魚兒尾尾,迎風,臘成鮮美。

聽蔡華説,踏入臘月,冬至一過,湖北家家戶戶做臘味,魚掛陽台已是一道風景。

Annie問蔡華,有什麼是可以臘的?蔡華笑説:「可以吃的都可以,臘魚可以,臘雞也可以,基本我記得的話,什麼都可以做臘製品;只是臘的時間講究,一定要過了冬至,臘月寒冷時做,才可以自然風乾。湖北人每家每年起碼臘接近兩百斤的臘製品。魚買回來以後,宰殺好了不能用水洗,因為沾生水會容易壞;最重要的一步是,鹽要放鍋裡炒熟,也可加花椒、生蔥、大薑等,然後全抹在魚身上。」

雞鴨魚肉臘好,澈底浸泡洗淨,用土製陶碗,做一道臘味合蒸。兩個小時,把臘味的精華全蒸出來,臘月封存的鮮美,飄香整個湖北嚴冬。

本味時尚餐廳
武漢市武昌區秦園東路水岸星城2A號
查詢:86-027-81889800

→ 食譜

湖北家常菜六道

臘肉酸菜麵仔
宮廷蹄膀
臘味合蒸
太和米粑
石溪醬蛙
秘醬焗江鱸

臘肉酸菜麵仔。

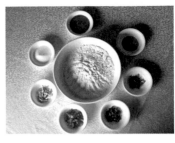

● 湖北在南北交界，飲食習慣大融合，有米食亦有麵食。

在山東、陝西、山西等地的麵疙瘩，落入湖北，成為麵仔，吃起來卻像粥，是一道體現南北雜燴的地道麵食。

材料

精製麵粉｜150克、水｜1杯、臘肉｜小塊*
酸菜｜數棵、番茄｜1個、芹菜｜數棵

做法

1 麵粉過篩置於大玻璃碗中，慢慢加水如吊線狀，水不能多，等麵粉慢慢吸收水分**，一面以手指把麵粉揉成綠豆大小的顆粒。***

2 酸菜及臘肉洗淨，切片備用。番茄、芹菜洗淨，切塊、切段備用。

3 燒熱油鍋，炒香薑片，再用中火煸香臘肉，挑掉薑片，瀝去多餘油分。

4 煸好的臘肉放入小鍋，與番茄、芹菜略炒，加水煮成湯汁，加點薑末與酸菜，煮至湯汁稍濃。

5 麵仔倒入湯中，煮兩、三分鐘即成。

*臘肉以不經燻製的鹹肉為佳。
**想精緻點，可於和麵時加入雞蛋，清水酌量減少即可。
***要把麵粉揉均勻，手心要空，只用手指才可揉成小顆粒。

武漢。南京。杭州。黃山。

● 「本味」老板娘蔡華從鄰居家學來的官府御廚食譜，僅以冰糖上色的豬腳，蒸至入口即化，味道醇厚悠長。

宮廷蹄膀。

材料

豬腳前蹄｜1隻，約1500克*、冰糖｜600克

薑｜半塊、蔥｜數段、鹽｜1茶匙

生抽醬油｜2湯匙、清水｜600毫升、油｜38克

做法

1　豬腳前蹄以溫水洗淨，如有細毛，用鉗子拔掉，切忌用火燒，以免有煙燻味。

2　薑切片，加清水煮開，豬腳前蹄汆燙，撇掉血沫。

3　水放鍋中，用小火煮溶600克冰糖，加入38克油，文火煮成糖色，至顏色如咖啡。

4　續小火，將豬腳前蹄放入糖色中上色，約1分鐘後關火，撈起置於碟中。

5　碟中加入薑片、蔥段、鹽及生抽，隔水上蒸籠蒸，大火蒸5個小時。**

*選豬腳前蹄以一年大的豬較好，大約1500克的重量，適合蒸煮。

**蒸時需加入足夠清水，中途不能加水。

臘味合蒸。

● 踏入臘月，冬至一過，湖北家家戶戶做臘味，基本上，只要是可以吃的，都可以臘。

每家每年起碼做接近兩百斤的臘製品，像臘魚、臘雞、臘肉，全部置於一大缸內一起臘，當地人堅信，這樣的老方法才可臘存最好的風味。

先製作臘味

用文火炒鹽至發燙，加花椒同炒，肉與鹽比例為10:1。青魚從脊背剖開，去鰓及內臟，洗淨抹乾，用炒花椒鹽塗勻魚身。光雞*從脊背部剖開，雞腿肉厚部位劃一刀，同樣以炒花椒鹽抹勻雞身，使入味。帶皮豬腩肉600克洗淨抹乾，切成數條，同樣以炒花椒鹽抹勻肉身。三種材料一起置於盤中，用紙蓋嚴，用大鵝卵石壓緊，醃四天後翻面一次，再醃三天取出，以清水洗淨，在臘味一端繫上麻繩，掛於通風處，陰乾三至四天即成。

材料

臘魚｜半條**、臘雞｜半隻、臘肉｜1條
薑｜數片、乾辣椒｜數個

做法

1 臘肉、臘雞、臘魚用溫水浸泡，大概1小時，把鹽泡出。風乾的會太硬太乾，清洗乾淨。

2 魚切塊，肉切片，雞剁小塊，以薑片、乾辣椒，加少許糖拌勻。

3 準備開口大的陶碗一個，臘味皮朝下放入碗中，底層是魚，中層是肉，頂層是雞，然後把薑片和辣椒放在雞上，最後，上籠以大火隔水蒸一個半小時至蒸透。

4 上桌前把臘味倒在盤裡，成品是魚在頂端，雞在底層，澆上少許麻油即可。

*殺好的雞，已除去毛與內臟。
**只吃臘魚的話，不用切片，可切大塊後上籠蒸，然後撕成絲，配醋和辣椒吃。

武漢。南京。杭州。黃山。

太和米粑。

● 太和是湖北鄂州一鎮，以種植水稻為主；鄉下人釀米酒，做米粑，吃起來有淡淡酒香。

材料

酒釀米酒｜半杯、粘米粉｜150克、糯米粉｜38克
黑芝麻｜少許、葡萄乾｜少許

做法

1　以米酒拌勻粘米粉及糯米粉，不能加水，調成稠糊狀，濃稠度像煉奶一般，置於碟中可成小圓塊即可。

2　文火燒熱不沾鍋塗上油，用湯勺舀米糊於鍋中煎。

3　米糊上撒點黑芝麻和葡萄乾，蓋上鍋蓋，至米糊熟。

4　掀蓋，把米粑反面煎黃即可。

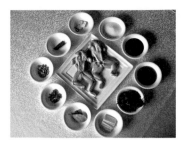

● 湖北人喜吃牛蛙，此物味道與田雞相近，肉質滑嫩，只是體積較大、肉質比較厚。

當地人叫這道菜為「辣得蹦」，辣勁過人與牛蛙蹦跳的習性拉在一起，形容得非常傳神。

石溪醬蛙。

材料
田雞｜300克、薑｜數片、黃酒｜適量

滷水料
肉桂｜1條、白芷｜4顆、八角｜4顆
香葉（月桂葉）｜2片、乾紅辣椒｜8個、小辣椒｜4個*

調味料
糖｜1茶匙、老抽醬油｜1湯匙、生抽醬油｜1湯匙

做法
1 田雞請魚販代為去頭尾及內臟，清洗乾淨，並用黃酒及薑片醃一會兒去腥。
2 乾紅辣椒洗淨，用乾鍋炒香**，連同滷水料裝入煲魚袋。
3 鍋中加半鍋清水，放入滷水袋、小辣椒、白糖，以文火煮開。
4 放入田雞，文火煮一會兒，然後關火，泡7分鐘至入味。
5 撈起，然後燒熱油鍋，下生抽、老抽及白糖，略炒田雞，即可裝盤。

*不能吃辣的，可酌量減少辣椒量。
**炒香的乾紅辣椒是增加香氣最重要的工序。

武漢。南京。杭州。黃山。

● 位於長江畔，武漢坐享漁人之利；江鰱是一種鮮美肉嫩的江魚，刺多但膠質重，宜燉煮或紅燒，久煮不老，反而醇厚。

秘醬焗江鰱。

> 🥄 **先製作老油**
>
> 這道菜成功的關鍵是煉製老油。所謂老油，就是以大鍋清油，文火慢慢把辣椒乾、辣椒粉、香葉及大蔥煉至乾身即成；材料和油的比例是1:8。如果不吃辣，就要煉蔥油，採用洋蔥、大蔥、小蔥、薑片及乾蔥頭，做法相同。

材料

江鰱* | 1條，約1200克、洋蔥 | 1個
大蔥 | 數棵、薑末 | 1湯匙、蒜末 | 1湯匙

調味料

豆瓣醬 | 2湯匙、重慶辣椒醬 | 2湯匙、蠔油 | 1湯匙
糖 | 1茶匙、鹽 | 1茶匙、白芝麻醬 | 少許、老油 | 600克、黃酒 | 適量

做法

1 先做秘醬：豆瓣醬及重慶辣椒醬用刀碾細，調入蠔油、白糖、鹽及少許白芝麻醬，備用。

2 江鰱請魚販代為去鱗、去頭尾及內臟，切塊，洗淨瀝乾，加入薑末、蒜末，然後把秘醬拌勻魚塊。

3 洋蔥去皮洗淨，切絲；大蔥洗淨，切塊；放入砂鍋底。

4 江鰱逐塊疊在洋蔥及大蔥上，然後倒黃酒。

5 把煉好的老油或蔥油倒進去，要完全蓋住魚塊。

6 小火煮，至魚八成熟，約5分鐘。用蓋幫忙，把油全部倒走，魚保持原型。

7 砂鍋再放回火上，至汁燒開，魚剛熟，可起鍋。

*如果沒有江鰱，可以白鱔代替。

正秀姐性格大大咧咧的，視Annie如妹妹，二人相談甚歡。

姊歸橙子頌

橙子皮去苦留香，瀝乾拌上鹽、豆豉、五香蘿蔔乾丁、生薑、青蔥、醬油、炸辣椒乾、炒花生米、紅辣椒油，醃成橙皮丁，是胃口不好時的救贖。

「正秀姐贏過很多烹飪比賽，還代表我們到別的城市比賽呢！」介紹我們認識的倉敬說，正秀姐做菜了得，傳承了上一代湖北女人的美德與手藝。

笑容可掬的正秀姐是湖北姊歸人，姊歸姊歸，這名字像追思遠嫁姊姊似的。確然，據說姊歸原名「歸鄉」，是楚國辭人屈原的家鄉，他有一姊，屈原被逐流放前，曾特地趕回家安慰，其情感人至深；為表示對賢慧姊姊的敬意，後人將縣名改為「姊歸」。

「你問我，媽媽教過我什麼？我記憶最深的，就是醃橙子皮囉。」姊歸，以橘子聞名；入夏，白花橙果競相飄香。

「小時候吃完橙子，總看見媽媽把橙子皮收起來。存得幾斤，就會醃橙子皮。當然現在用新鮮的做，更好吃一些。以前橙子皮放久了，就泡久一點吧，也沒關係的。」耳濡目染，正秀姐小小年紀已學會醃橙子皮。

橙香飄揚姊歸，已過千年，楚辭裡有《橘頌》：「后皇嘉樹，橘徠服兮。受命不遷，生南國兮。」綠葉素花的橘子，長於荊棘繁枝中，渾圓可喜的果實，外皮青黃雜糅，內皮卻皚白細密，清白如君子，早得屈原青睞以言明志向。

只有生於南方溫暖之地，橘子始芳香甜美。「橙子要選皮厚的，用臍橙好，剝了皮，橙子就給你們吃，很甜的。然後把鮮橙子皮切成小丁，泡清水，十多分鐘吧！時間不能太久。」

橘屬臍橙是那種白色內皮、果實內藏副果狀如肚臍的橙，橙肉香甜多汁，厚實果皮最適合醃製成涼菜。泡一會兒，然後雙手浸進水裡用力捏橙皮，擠出苦水來，Annie幫著正秀姐做。苦澀味去掉，換幾次水，水的顏色開始由濁變清，「水清了就好。」

武漢。南京。杭州。黃山。

061

看正秀姐去橙皮苦澀的手法，Annie說，有點像廣東人做柚皮，一樣要把內皮白瓤去掉，不過不是做成涼菜，而是燜高湯配蝦子做菜，或許，橙子皮也可以如是做？「我沒嘗試過呢！回頭可以試試。」

正秀姐早年離開三峽旁的故鄉，搬到武漢多時，今日姊歸已經再度易名「秭歸」，橙花繁茂依然，卻已人面全非。農人很少吃橙，纍纍果實情願奉給異鄉人，住在省會的她，買得臍橙的機會更多，反倒比老鄉幸福。良材易得，加上熱愛烹飪，家常菜做得好，正秀姐的巧手早聞名於市。

帶走一抹橙香

橙子皮去苦留香，瀝乾拌鹽，一小勺黑得油亮的小豆豉，一大勺五香蘿蔔乾丁，生薑、青蔥各切一點，拌進烏亮的醬油、炸的辣椒乾、炒的花生米、還有自家炒的紅辣椒油。

拌用的紅辣椒油，正秀姐也是親手做，因姊歸在鄂西，靠近四川，人也嗜辣。

武漢人的熱情，讓大夥難以忘記。

醃橙子皮是夏天良伴，工序不複雜，而且可以隨個人口味調節配料。

「先研細乾辣椒粉，油要用花生油才香，辣椒跟油的比例是一比二；油要多，才可把辣味燒出來。開小火用鐵鍋煉花生油，稍微熱了，還沒起泡泡時，要關火，把辣椒粉拌進去炒一下，再開文火炒一下，辣椒粉偏黑點，聞到香味覺得有點嗆就好。

覺得油開始熱就一定要關火，邊炒邊開邊關火，不然燒糊了，油變苦就不能用。炒好的辣椒油放涼後可以存起來，只要油淹過辣椒粉，裝在玻璃瓶子內，放進冰箱可以存一個多月呢。」

「來來來，湖北的三月還是冷，喝點蓮藕排骨湯驅寒吧！」正秀姐熱情地招呼，大夥一人一碗，咕嚕咕嚕地喝下了一整鍋湯，不覺湯裡頭還有臘雞肉，湯汁濃郁，難怪讓人添了一碗又一碗。

「湖北人的湯，喝起來跟廣東的湯很不一樣，他們這道湯的排骨和臘雞也是菜，可以下飯吃。」Annie有感而發，湖北的夥伴點頭稱是，「這些排骨啃起來有滋有味的！」

「我們做排骨跟廣東的不一樣，排骨先汆水後，會用醬油和花椒炒過，入味了，再跟臘雞和蓮藕一起燉三個小時，燉出來的湯濃色白。」濃湯熱氣蒸騰，把正秀姐的家弄得暖哄哄，難怪湖北人說他們無湯不成，濕冷冬末，還是要靠濃湯活命。

喝着湯，冰冷的身體流過絲絲暖意，房子裡熱氣氤氳，大夥臉也紅了。喝湯吃鴨的瞬間，正秀姐沒有停下來，拌好的醃橙子皮，早已裝入透明玻璃罐中，橙紅黑白兼容，親手做的辣油特別香，和豆豉的豉香、橙子皮的清香相互交纏，吃得人上癮，是胃口不好時的救贖。

「玻璃瓶子我都準備好了，給你們裝點帶回去。」

臨別依依，行囊裡載著方丁橙皮，我們帶走的不只三峽美味，還有正秀姐難以割捨的鄉情。

姊歸家庭菜兩道

醃橙子皮
蓮藕臘雞排骨湯

● 湖北姊歸雖已易名為「秭歸」，當地依舊宜種橙子，醃橙子皮是媽媽們擅用剩餘物資做成的開胃菜。

吃完橙子，把皮收起來，即使放久了，泡水久一點，即可用來醃製鹹菜，甚至釀酒。

醃橙子皮。

材料

臍橙｜3個、五香蘿蔔皮／菜脯｜2湯匙

小辣椒｜2湯匙、花生｜半碗

薑末｜1湯匙、蔥花｜1湯匙

調味料

鹽｜3茶匙、胡椒粉｜1茶匙、豆豉｜1湯匙

生抽醬油｜1湯匙、「老乾媽」豆豉連辣油｜1湯匙

做法

1　燒熱油，中火炒花生，至顏色變深，備用。

2　小辣椒切碎，舀一勺滾油澆熟，備用。

3　臍橙要選皮厚的，剝皮吃掉橙肉，留皮切成小丁。

4　以清水浸泡橙皮丁10分鐘，邊泡水邊用手捏，把苦水擠出來。

5　換幾次水，至水變清，苦澀味已去掉，最後擠走水分，瀝乾橙皮丁。

6　橙皮丁加入鹽、胡椒粉、豆豉、五香蘿蔔皮、薑末、蔥花拌勻。

7　再倒入生抽、「老乾媽」豆豉連辣油、炒花生及連油的炸辣椒。

8　醃3小時即成。*

*做好置於冰箱裡貯存，吃上一星期也沒有問題。

武漢。南京。杭州。黃山。

● 湖北人喝湯，喜歡同時喝湯吃肉，重視湯肉的味道，與廣式煲湯的食補養生不同；煨湯味道香濃惹味，是湯也是一道菜，更受當地人歡迎。

蓮藕臘雞排骨湯。

材料
排骨｜600克、臘雞｜半隻*
蓮藕｜2截、乾紅花椒｜1湯匙、薑｜數片

調味料
鹽｜適量、黃酒｜少許

做法

1　臘雞洗淨汆燙，去浮沫，瀝乾切塊。
2　排骨洗淨汆燙，去浮沫，瀝乾切塊。
3　燒紅鍋，炒香薑片及花椒，再翻炒排骨至半熟。**
4　蓮藕洗淨削皮，切滾刀塊。
5　大瓦鍋注入2/3清水，加入臘雞、排骨及蓮藕，大火煮開，撇去浮沫。
6　加少許黃酒，文火煨2小時，起鍋前加鹽調味。

*若找不到臘雞，可試以臘鴨代替。
**不喜花椒的麻感，可以只用薑、蔥炒排骨。

PART 2

南京。

金陵餘韻

秦淮河水的波光，映照南京城古往今來。流水巷南京金陵菜，細嘗繁華往昔，浮想連翩。

> 南京的書卷氣息，歷史風韻，飲食講究，
> 輾轉其中，多少看出過去的點滴輝煌。

金陵，是南京人眷戀難捨的舊名字。

南京，過去喚作「金陵」，曾是六朝古都。想像昔日繁華，走進中華門，斑駁古城牆下，悠悠秦淮河畔，烽煙四起的歲月，古都的歷史，印刻在石紋裡，湮沒於流淌河水。

暮春三月，南京在進行城市改造，與佇立在十字路口的孫中山雕像默然相看，梧桐樹下，尋覓故園。

走入夫子廟的陌巷，迂迴曲折，走到巷口，抬頭見「烏衣巷」牌匾，原來這就是劉禹錫的詩句「朱雀橋邊野草花，烏衣巷口夕陽斜。舊時王謝堂前燕，飛入尋常百姓家。」所描述的地方。「烏衣巷」就在秦淮河畔，一度是達官顯貴流連處，歷盡浮華，講究的金陵美食亦因而為人所知。

過去常到上海的Annie，初來南京，她由衷欣賞這座城市。它的書卷氣息，它的歷史風韻，它的飲食講究，輾轉其中，多少看出過去的點滴輝煌。

皮肉勻稱的桂花鴨，片片凝脂如玉，肉滲滷香，牽動南京人文情懷，更觸動食客味覺神經。

桂花香裡 品鴨饌

南京鴨子好，有兩個原因，
一是氣候，江南是水鄉，沒有水的地方談不上好鴨子；
一是人的因素，南京的鹽水鴨起碼有五、六百年的歷史。

「南京有很多名菜，但說到我們最喜歡的，一定是鹽水鴨。」

劉曉南師傅是地地道道的南京人，聽他說，或是因為有客從遠方來，或是因為家裡有喜慶事，像他那麼大歲數的南京人，小時候，總有機會拿着一個樸拙的土碗，幫媽媽上街買鹽水鴨。

「情況就像香港人家裡來了客人不夠菜，小孩要出去『斬料』回家！小孩子看著手上滿碗滷香的鴨肉，肯定饞嘴到不行。」聽Annie一說，劉師傅一笑，面前的他回想許多年前那個年代，小孩子捧著滿碗鴨肉，美食就在眼前，怎麼可能忍得住不偷偷吃一塊？南京人的童年或許就在這猶豫之間過去了，小孩被發

現牙縫裡殘留鴨肉屑而受教訓的一段也成為歷史，現在的孩子不用幫父母買鴨子，都是父母買鴨給溺愛的孩子送去。

南京鹽水鴨素有「桂花鴨」之稱，雖說一年四季也有鴨子，南京的鴨子尤數農曆八、九月的最好吃，其時桂花飄香，正是吃鹽水鴨的好時節，桂花鴨肉嫩皮脆，是佐酒佳品。

「桂花鴨那麼有名，究竟好在哪？」Annie問劉師傅。「南京鴨子好，主要有兩個原因，一是氣候，江南是水鄉，鴨子喜歡水，沒有水的地方談不上好鴨子，換言之，光是氣候就更勝一籌。」劉師傅說到自豪處，雙眼瞪得如戲劇大老倌般圓大。

武漢。南京。杭州。黃山。

1 鴨子用蔥、薑、青花椒、鹽抹過,還要泡進鹽滷裡,滷進味道。
2 風乾的過程是鹽水鴨的美味關鍵,真正的南京鹽水鴨,600克的重量,風乾後只剩一半。
3 南京鴨子以湖熟鎮出產的最負盛名。

八、九月是新鴨上場的時候,皮白肉細,齒頰留香。另一方面,是人的因素,南京的鹽水鴨,可以追溯到明朝,起碼有五、六百年的歷史。「鹽水鴨,多年以來一直改良發展到了今天,可以說是小有名氣的,外地人來了肯定要嘗嘗。」

「很多外地人以為,你天天吃這個菜,吃夠了吧?沒有這回事,南京人只要家裡來客人,哪怕是南京本地的客人,也要備這個菜,我們會炫耀一下,炫耀什麼呢?比一比,我家這邊的鴨子,做得比你家那邊的鴨子好,他就會說『那我買來嘗嘗』;你家附近如果開了新鴨子店,聽說做得好,大家會相約去嘗嘗。就是這樣,社會養成嘗鴨子的風氣,做鴨子的店也在互相比較,它自然愈做愈好。」

以脂肪而言,南京鴨子跟烤鴨用的鴨子大大不同,一般沒有多少脂肪。北京鴨子是填鴨,很多時候人工填的是動物性飼料,有肉、泥鰍、黃鱔等等,所以北京填鴨很肥,因它是用來烤的,脂肪夠燒時才有足夠油分。反之,南京鹽水鴨不用烤,主要是煮,煮的話就不能有太多油,因油分過多會污染滷汁。

所以,過去南京一般是從郊外的稻田把鴨子趕到城裡,鴨子跑到南京來,脂肪含量也就差不多。我們以為,鴨子跑那麼遠的路,鴨肉有可能變得太硬,劉師傅卻說不會,原來是因為鴨子屬水性。

「鴨子跟走地雞不同,鴨屬水性,牠一路跑還一路下水,半水半旱,因此不會很乾。一般從郊區趕到南京,最起碼要兩、三百里,然而它不是一路不停趕來的,中途還吃稻子呀,吃草呀,好幾天才到南京,不會那麼瘦。」

一邊說,劉師傅一邊提醒Annie看他用薑、蔥、青花椒、鹽,使勁用力磨擦進鴨子裡。因為鴨子的腿肉厚,醃料還要多放一點,裡裡外外擦勻,醃四個小時;再放進鹽滷裡泡四小時,滷好了還要風乾四個小時。按照過去傳統,有專門醃鴨子的廠,會弄個草皮,建一個草頂擋雨,兩邊穿風,要讓鴨子全吹乾。

1

「現在呢，就有很多廠子是用烘乾的方法，只花二十分鐘就好。吃起來當然是自然風乾的好，風乾好了，只要放進開水裡煮，小火煮二十分鐘就可以，吃起來皮脆肉嫩。一斤風乾的鴨子煮熟只剩半斤，在南京要賣十七、八塊一斤，如果沒有經過風乾的過程，它的皮會不夠脆，肉不夠嫩，做出來有七兩，價格會便宜很多。」

做得好不好吃，工夫就在風乾，很多外地人來學做鴨子，不知道這個竅門，老

南京人就喜歡吃風乾的乾香味兒。

春風捎來野菜宴

説起吃草，大概沒有人比南京人更愛吃野草。

金陵三草：菊花腦、枸杞頭，馬蘭頭。
早春四野：芥菜，馬蘭頭，蘆蒿，野蒜。野性難馴的多年生草本，通通弄出個名堂來，吃進嘴裡，香得讓人難忘。江南人士過日子，是從自然小節裡琢磨

1 菊花蛋湯只能用鴨蛋，不可用雞蛋。
2 野菜不能久煮，清水燒開略煮，保留野性清香。

出精緻來。像一道菊花蛋湯，做來簡單，看來卻美不勝收。

「菊花蛋湯的菊花不是菊花，而是菊花腦，是路上那種菊花草莖，在花沒開前被摘下來，這腦說的，就是草頭上的一小截。菊花是多年生草本，長在地裡，一棵可以岔三個腦，過一個禮拜就岔九個，我家附近那棵已經長成灌木了。你千萬不要說不摘，要是南京人，沒有一個不摘它的，它愈摘愈會長。菊花腦很嫩很香，它是涼性的，乾時聞起來沒味，被水一泡，香氣就出來。」Annie一聞，「果然有種野草的清香。」

菊花腦有的是天然香氣，可以打退蟲害，因此它沒有病，也不用打農藥，整個南京，生得漫山遍野，隨便吃。幾乎可以說，南京凡是有泥土的地方，就長這種野菊，菊花腦垂手可得。Annie問劉：是否只有南京才有菊花腦？劉說，江南其他地方也有，只是沒有一處的菊花腦，像南京的那麼嫩；別處的都像小棍子似的，吃起來很老。鎮江和上海也有，可是要吃，也只有從南京這邊帶過去，興許是泥土適合的關係。

過了一個冬天的油膩日子，江南人是春天一到就迫不及待的開始做野菜吃。摘菊花腦，打鴨蛋花，清水一道；不配雞蛋，因為取菊花腦和鴨蛋，就是要二者的涼性本質。南京素來是三大火爐之一，夏天喝菊花蛋湯就為了退火。

水燒開，二兩菊花腦放下去，一顆鴨蛋打散，如吊線下去，不放一滴油，菊花腦的翠綠一煮就會漫進湯色裡。這個湯不能用雞湯或豬骨湯，因為一定要喝到菊花腦的清香，擱點鹽喝就好。Annie嘗過，感覺喝來就像一道清流流過心扉，洗淨多天風塵僕僕的疲憊。

廚師的老師 燒菜為女兒

一道清湯，劉曉南師傅並不輕率，問起任何一種食材，他說得頭頭是道，除了他是老南京，更因為他與做菜結下的不

武漢。**南京**。杭州。黃山。

菊花腦，又叫菊花澇，只取菊花草的頂端；南京人愛吃，喜其味道微甘，清熱解毒。

解之緣。

劉師傅小時候跟著外婆長大，父母原是江蘇省幹部，後來文化大革命時被打倒，那時候十幾歲的他和妹妹只有到農村去，交給外婆帶。當時文化大革命停課，沒事就跟著外婆燒菜，從小耳濡目染，外婆買菜也攙著他們去，回家也一塊燒菜，吃也一塊吃，這樣過了很長一段時間。等到他長大，讀了兩年書，又作為知青去農村，下鄉時自己做飯，做了幾年。

「奇怪的是，1977年中國第一屆恢復高考，我填的是想上醫學院，最後把我弄到黑龍江哈爾濱商學院去，學的是旅遊烹飪系，又是烹飪！當年烹飪營養專業，是全國最早的一科，因為文革剛結束，旅遊還沒開始呢。很多人出來到旅行社跑，到飯店當廚師，我卻當了三十年的廚師老師。所以呢，很多廚師不會說話，做菜的道理說不明白，但我可以，因為我的工作就是要讓學生明白。」

劉師傅沒有開店，只是喜歡鑽研，也會指導學生和相熟的年輕廚師們；能吃到他親手燒的菜，大概就只有他的寶貝女兒。能說會做的父親早把女兒的胃口養刁了，她在外面都不吃飯，出來工作好幾年了，還是愛粘著家裡。

採訪期間，劉師傅接到女兒的電話，電話那頭說什麼都不想吃，想等爸爸回家給她煮小餛飩，聽在耳裡，劉師傅甜在心裡。聽他說，很多人找他出山，他也不願意，只願意為女兒燒菜，女兒的朋友來了，他不介意兩袖一捲，下廚燒十多、二十道小菜。

三十多年的烹飪教學給了他很多，始終是乖巧女兒貼心孝順最讓他安慰，誰說美食不是快樂家庭的泉源，父親的愛都流露在一湯一麵之中了。

南京永和園酒樓
南京市夫子廟貢院街122號
查詢：86-400 8283 999

→ 食譜

傳統南京菜六道

鹽水鴨
菊花蛋湯
桂花糖芋苗
白汁鮰魚
燉生敲
蘆蒿炒臭乾

● 正宗的南京鹽水鴨必須經過天然風乾的過程，一旦省去這個步驟，就做不出老南京的風味。

鹽水鴨。

材料
淨鴨｜1隻，約1500克

醃料
花椒｜75克、蔥段｜適量、薑片｜適量、鹽｜600克

滷水料
鹽｜75克、蔥段｜適量、薑片｜適量、八角｜38克
水｜約2公升（以可完全淹過鴨身為準）

做法
1 鴨子請鴨販代為宰好，去內臟，洗淨瀝乾。
2 中火燒熱鐵鍋，炒香花椒，倒入鹽，續炒約10分鐘，待涼。
3 以花椒鹽、蔥段、薑片擦遍鴨身及腹腔，蓋上棉布，置冰箱內醃4小時，過夜亦可。
4 準備滷水料，放入大鍋清水用小火燒開，至鹽完全溶化，關火。
5 整鴨連醃料倒入滷水鍋中，浸漬4小時。
6 取出滷好的整鴨，去掉香料，滷水可保存起來。*
7 整鴨置於陰涼處風乾4小時，可開風扇吹。**
8 深鍋注清水（約可淹過鴨身），大火燒沸，鴨頭朝下把鴨子放入鍋中，蓋上鍋蓋，轉中小火煮20分鐘。
9 倒轉鴨身，再煮10分鐘關火，取出整鴨，瀝出湯汁。***
10 待涼切件，澆上湯汁上桌。

*家中做滷水，可以學百年老店似的，做完一次，大火燒滾，去掉血水浮沫，待涼存起來，下次用時再加鹽，使它成飽和鹽滷。
**沒有地方風乾的話，Annie建議用乾棉布裹起鴨子放進冰箱，保持通風，中途換一次棉布，鴨肉就不會霉。
***按鴨子大小，煮鴨時間可調整。

武漢。南京。杭州。黃山。

● 「南京人,求不老,不吃魚肉愛吃草,枸杞蘆蒿菊花腦。」

南京人愛吃草,春天一到百草生,南京人家的菜譜中,居其首的可以說是菊花蛋湯,清涼簡單還退火。菊花蛋湯傳統上配鴨蛋,因為取二者的涼性,不用熱性的雞蛋。

菊花蛋湯。

材料

菊花腦(草)│150克、鹽│少許、鴨蛋│2顆

做法

1　菊花腦清水洗淨,摘小段,鴨蛋打勻。

2　小湯鍋注滿清水中火燒開,放菊花腦進去。

3　鴨蛋液用筷子如吊線下進鍋中,關火,調味。*

＊菊花蛋湯不能放油,吃它的清湯純粹。

● 從前在南京，農人收桂花是把大棉布攤開在桂花樹下，等風吹來，桂花自然落在布上，再用簸箕陰乾，不能曬，一曬香味就沒了。

乾桂花一層，綿白糖一層地醃，八月溫度高，蓋子一蓋起來，綿糖自然回潮融化，糖稀裡會有桂花的香氣。桂花、芋苗、藕粉，調出來的是秋天的味道。

桂花糖芋苗。

材料
小芋苗｜6個、紅糖｜5茶匙、藕粉｜2碗、桂花｜2湯匙

做法

1 小芋苗洗淨，上鍋大火蒸15分鐘至熟，待涼剝皮備用。

2 藕粉用溫水調開比例是1:3，倒入湯鍋小火燉煮。

3 放入芋苗，加入紅糖，用湯勺一直慢慢攪拌，約半小時，至濃稠度如糊狀。

4 盛起澆上桂花糖。*

*藕粉煮出來的顏色微紅，南京坊間桂花糖芋苗的深紅顏色，是由食用鹼或小蘇打調成，可以免掉。

武漢。南京。杭州。黃山。

● 鮰魚是長江三鮮之一，鮰魚、刀魚、鰣魚，後者絕種了，前二者也很難得，市面上有家養的品種。

沿長江下游，南京產的鮰魚比較多，適合吃鮰魚應該是三、四月。它分野生和家養的，野生的是雪白的，家養的比較灰色。野生的適合白燒，吃起來湯汁如乳，肉厚鮮嫩。詞人蘇軾也曾讚美鮰魚為「粉紅石首仍無骨，雪白河豚不藥人」，說它勝過黃魚肉厚而無刺，賽過河豚味美而無毒。

白汁鮰魚。

材料
鮰魚｜900克*、春筍｜2根、蔥段｜適量、薑片｜適量

調味料
鹽｜1茶匙、紹興酒｜1湯匙、白糖｜2茶匙

做法

1　鮰魚請魚販宰好，魚身洗淨切塊，約厚1.5公分。

2　魚頭魚尾洗淨，抹乾，用少許油煎至微黃，放清水及紹興酒去腥，煮至湯色白，約30分鐘，放薑、蔥去腥，去渣備用。**

3　鐵鍋注入清水，中火燒開，放入魚塊燙至八成熟，約2分鐘，撈起。

4　中火燒熱鐵鍋，少許油煸炒春筍至熟，加入一碗魚湯，加入少許白糖及鹽調味，將魚塊倒進去，略煮至稠，起鍋。

*沒有鮰魚的話，可試以白鱔代替，烹調時間視魚的大小略為調整。
**煮淡水魚應用淡水魚湯，煮海魚則用海魚湯。

● 砂鍋菜是南京菜的一大特色，燉生敲是先敲、再炸、然後燉的砂鍋名菜，已有三百多年的歷史，被視為南京的江蘇四大名菜之一。

燉生敲。

材料

黃鱔｜1200克、豬五花肉｜150克
蒜頭｜1個、薑片｜適量、蔥段｜適量

調味料

生抽醬油｜2湯匙、紹興酒｜2湯匙
鹽｜1茶匙、白糖｜1茶匙、高湯｜1碗

做法

1　原顆大蒜剝瓣、去皮備用，薑片、蔥洗淨，瀝乾。
2　五花肉洗淨，汆燙，瀝乾，切片。
3　鱔魚去頭，順魚腹剖開，去內臟，攤平魚身，鏟去主脊骨。
4　用木棒逐節敲打鱔魚*，斜切成6公分長段，洗淨瀝乾。
5　中火燒熱鐵鍋，花生油倒入1/4滿，燒至六成熱。
6　放入黃鱔段炸透，至呈深灰色紋理，呈芝麻花狀時撈出，瀝油。
7　五花肉及蒜瓣置於油鍋微炸至黃，撈出瀝油。
8　砂鍋置於大火上，將鱔段、五花肉片及蒜瓣排入其中。
9　加入蔥、薑、高湯，煮沸後轉小火。
10　調入生抽、紹興酒、鹽、白糖續燉至鱔塊酥爛，約2小時離火，揀出蔥、薑。
11　中火燒熱鐵鍋，下花生油，炸香蔥、薑，撈出，將蔥薑油澆在鱔魚砂鍋即可。

*敲的作用是把它的組織敲鬆，敲過的鱔魚一炸就酥，水分容易出來，用砂鍋燒時滷汁就可以燉進去了。

武漢。南京。杭州。黃山。

蘆蒿炒臭乾。

●蘆蒿原是生在江邊的水八鮮之一。從前冬末二月，年輕的女孩們會在江畔摘野蘆蒿，天氣太冷，摘到雙手也紅腫。只是幾十年前生活匱乏，它是不值錢的野菜，時至今天，南京人懷念起老好的東西，加上對身體好，遂重新流行起來。

由於蘆蒿是水生植物，吃它的脆嫩，因此一定要快炒。炒的速度快，味道不容易進去，就要找味道重的材料配搭，例如臭乾；蘆蒿清香，臭乾濃郁，風味獨特。

材料

臭豆腐乾｜數塊*、蘆蒿**｜300克、鹽｜2茶匙

做法

1　蘆蒿去葉，撕去老筋，洗淨切成3公分長段。

2　臭豆腐乾切成片，再切成細條。

3　中火燒熱油鍋，下芥花籽油，略熱，倒入蘆蒿、臭豆乾條。

4　大火快炒，放入鹽，至蘆蒿轉綠，起鍋即可。

*臭豆乾買不到或是不習慣者，可以用鹹肉絲代替。

**蘆蒿食其嫩莖；台灣不產蘆蒿，不妨以同屬春天滋味的鮮嫩綠蘆筍尖取代。

從菜田上剛拔出來的新鮮蘿蔔，嫩綠粉紅奶白，是自然的禮物。

城市紛亂，幸而有人樂意保留淨土於一水之隔，
橫渡江水，上桃花源，取片刻寧靜。

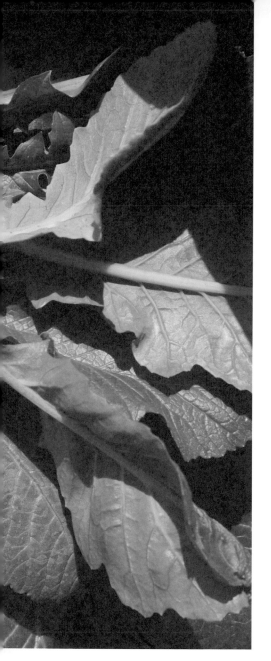

旱八鮮　野草變佳餚

很多外地人笑南京人喜歡吃草，

你知道，吃草健康呀，

我們家菜地的菜，全都是我自己種的。

為了尋找漫山遍野的菊花草，隨南京朋友的指引，Annie坐渡船找到了江心洲。

江心洲在南京城西的雨花臺區長江上，狀若青梅，又叫「梅子洲」，過去幾年，每年都會舉行葡萄節。在洲上開農家菜的周愛玲介紹，這裡的泥土特別肥沃，隨隨便便丟一顆種子，也種得特別好。

「你們想看菊花草是吧？跟我來。」聽周姐說，她家有好幾十畝菜地，平日最喜歡到市場去看食材的Annie雀躍不已，可是走到周姐家與菜田之間的小路，抱着孫兒的周姐突然蹲下來說，「你看，這些小草就是菊花草，摘下來，頂上那一點點就是菊花腦，路上隨便摘，南京哪兒都有！」Annie摘下一棵嗅一嗅，長相普通的小草，沒有周姐指示，真不知道原來就是菊花草，沒什

1 農家菜館保留農具讓城市人感受過去的農耕生活。
2 農家手製的棉鞋，樸實花色比工業製品更有生活感。
3 江蘇農家曬白菜也細緻得很。。

麼味兒，用來逗弄周姐的小孫兒玩，小孩還玩得挺開心的。

「很多外地人笑南京人喜歡吃草，你知道，吃草健康呀，我們自己家的菜地的菜，全都是我自己種的，有什麼菜？有我們南京的早八鮮：菊花葉呀，薺菜呀，馬齒莧呀，馬蘭頭呀，蘆蒿呀，野芹菜呀、香椿頭呀，還有枸杞頭。」

邊走邊跟附近的農家閒話家常，周姐是一個熱情的農家婦人，為人仗義直言，是農家們的大姐。眼看她的農家菜餐廳前有一個小攤架，賣江心洲的土特產，以為是她的出品，她卻說：「這都是鄰居家寄賣的，我種的菜都做農家菜用了，有時候其他人沒有我生意好，就幫幫人家嘛，大家住一條村。」

「我做菜是學奶奶的，十幾歲已經會做飯了。父母都下田幹活，我跟我叔叔家八個孩子呢，都是我奶奶帶，奶奶帶我們，做飯也是她教的，我喜歡做飯，八個孩子就兩個人喜歡做飯。」聽周姐那

麼說，Annie很有同感，因為她做菜做得好，妹妹不願意學，因為有她在嘛，所以連煎顆雞蛋也不懂。

「我記得小時候上學，我還有時間帶一個簍，放學回家的路上，挑點豬草回家餵豬呀，玩得很開心，可是現在的孩子也沒時間玩了，學習負擔重，我兒子媳婦都不會燒菜。」

走了一段，Annie跟周姐走到菜田裡頭，每一寸土地上都長著綠蔥蔥的植物，芹菜、香菜（芫荽）、菊花腦都長得很好。「最好的是這個！」周姐帶Annie蹲著走進蓋著雨幕的菜棚下，從泥土中冒出來的草頭綠綠的，一時間看不出來是什麼，周姐要Annie抓著綠草用力一拔，原來是蘿蔔！個頭不大的蘿蔔，末端呈粉桃紅色，根根水分充足，光看就夠吸引。

「拔蘿蔔很好玩呀！」Annie玩得不亦樂乎，拔了足足二十多根出來，大夥就挑著一籮香菜、芹菜、蘿蔔回周姐的

1

3

1 拿起竹編菜籃，Annie隨周愛玲摘野菜去。
2 田野青青，全是周姐種的野菜。
3 路邊山野，漫山遍地是菊花腦，隨便人摘。
4 蘿蔔當令，Annie隨意拔來，根根飽滿。
5 Annie和農家菜大廚周愛玲被小孫兒逗得笑
   不攏嘴。

家，路上還看見周姐養的土雞群。「我養的雞都是土雞，她們下的土雞蛋很香，你知道南京這裡有句説法：『三月三，薺菜花煮雞蛋，吃了不頭疼！』野菜有很多好處，野草可以降血壓和膽固醇，我的客人都是城市人，平常吃肉吃膩，吃農家菜就是健康。現在沒有薺菜花，新鮮蘿蔔有很多做法，蘿蔔苗可以煮湯喝，土雞蛋香，做農家漲蛋好吃，還可以做蘿蔔燴蛋餃。」

家常蛋餃的福氣

在南京，蛋餃是每家飯桌上都有的菜，尤其在農村，多的是土雞下的土雞蛋，是一種樸拙的補養品；小小一隻蛋餃，就像入口大小的迷你蛋捲，小孩子特別愛吃。聽南京長大的朋友説，小時候雞蛋算是奢侈品，過新年時，最喜歡跟在家中老人旁邊，看他們包蛋餃，包好的蛋餃，一隻隻像金元寶，好吃又好兆頭。

別以為是用麵皮做餃子，蛋餃的皮是完完全全的雞蛋皮。需要用的工具，就是一個金屬湯勺，想不到周姐用來包蛋餃的勺子，還歷史悠久得很。「我家湯勺已經用了三十年，從孩子小時候用到現在，孩子都三十幾歲了，這是當年分家的時候，婆婆分給我們的。」在農村，兒子長大了，要組織新家庭，就叫做分家；父母分勺子給你，就是祝福孩子吃得好好的意思。

這隻載滿長輩祝福的勺子，三十多年來，陪伴周姐包好數以千計的蛋餃，喜宴桌上滿滿一碟小蛋餃盛載的是福氣。

武漢。南京。杭州。黃山。

1 2 3 煎蛋餃就如包蛋捲，最難處是掌控小鋼勺，周姐的勺子已經用了三十多年，比大鍋更好用，煎好數以千計的完美蛋餃。
4 蛋餃包好與蘿蔔同燉，鮮美過人。
5 第一次包蛋餃，周姐誇Annie有模有樣。

金屬湯勺上沾油，在火上燒至六成熱，用湯匙舀蛋漿到勺上，輕搖一下，薄薄一層蛋液鋪好勺上，略燒。

周姐先包兩隻，餘下的都交給Annie試着包，「第一次包，最難掌握的是燒熱湯勺的度，太熱蛋太快熟會包不到餃，不夠熱的話，包起來的蛋又會不夠香口。」

做蛋餃，雞蛋必需打得均勻，這是餃的關鍵，筷子撈起來蛋液不能起絲。蛋漿半熟時，放一小匙豬肉餡於半邊蛋皮上，然後趁蛋漿未全熟，摺起包住餡料，按緊邊緣粘固；再反過來略煎，煎好的蛋餃，就像微型煎蛋捲。

天天下廚的Annie包蛋餃頭頭是道，架勢一點不輸周姐，看她做得好，周姐笑說要招攬她來幫忙。「過一個月我店裡又有酒席，農家要辦喜宴，人家結婚，我和老公自己做四十多桌菜，每桌菜最少二十道菜，安妮可以來幫我咯！」

蛋餃做好後，色澤金黃，蛋香誘人，可此時還不能吃，因肉餡還沒煮熟，可以簡單蒸來吃，或是像周姐般燉鮮蘿蔔湯。

包得好的蛋餃久煮不破，新鮮拔出來的蘿蔔鮮嫩帶甜，不用久燉也容易煮軟，一鍋蘿蔔蛋餃燉出來已是一頓好菜，這是周姐的農家菜館的主打菜之一。菜館已經做了十幾年，初時全是她一個人做，現在是她老公掌廚，「以前他跟我學，現在是掌廚，他是我的徒弟啦！」

江村農俗園
南京江心洲民俗風情街二號47號
查詢：86-025-8642 0299

→ 食譜

農家土菜六道

蘿蔔燴蛋餃
鱔魚麵疙瘩
農家漲蛋
馬齒莧燒肉
白魚燉豆腐
青菜河蚌

● 蛋餃是江浙人士過年過節必吃的家庭菜，選用走地雞蛋，以湯勺煎成雞蛋皮包裹肉餡做餃子，可以蒸，也可以煮湯。

蘿蔔燴蛋餃。

材料

雞蛋｜4顆、白蘿蔔｜2根、半肥瘦肉餡｜75克

蔥段｜適量、薑末｜適量、芹菜｜適量

調味料

鹽｜2茶匙、胡椒粉｜少許

做法

1　雞蛋打散在碗中備用。＊

2　白蘿蔔洗淨削皮，切滾刀塊，芹菜洗淨切段。

3　湯鍋注清水，大火燒開放入蘿蔔塊，轉小火加蓋燉煮。

4　肉餡加入蔥、薑、鹽，攪拌均勻。

5　金屬湯勺抹上油，於小火上燒熱，舀蛋漿上去，薄薄一層。

6　舀餡置於蛋皮一側，趁尚有蛋漿未凝固，摺起蛋皮包住餡料，狀如微型蛋捲。

7　包好約二十多個蛋餃，待涼。

8　放入燉蘿蔔湯汁中煮，中火煮10分鐘左右。

9　最後下調味料即可。

＊包蛋餃的關鍵是攪雞蛋要均勻，拿起來不起絲才可。

武漢。南京。杭州。黃山。

鱔
魚
麵
疙
瘩
。

● 南京是南北交匯之地，鱔
魚為江南特產，麵疙瘩是
北方麵食，二者相加演化
成農家普及的主食之一，
樸實無華卻味道鮮美。

材料
　麵粉｜1碗、清水｜半碗、鹽｜1茶匙、生抽醬油｜1湯匙
　雞蛋｜1顆、黃鱔｜150克
　蔥段｜適量、薑片｜適量、乾辣椒｜適量

調味料
　蒜片｜適量、八角｜3顆
　紹興酒｜1湯匙、生抽醬油｜1湯匙

做法
1　將麵粉放入大碗，加雞蛋、清水及鹽攪拌，使其成為
　　黏稠的麵糊，順時針攪上勁，攪勻後靜置15分鐘。
2　湯鍋注入三分之二鍋清水，燒開調中火保持沸騰。
3　用筷子刮長條狀麵糊進水中，至麵糊全下鍋，續煮至
　　麵疙瘩浮起，撈起過冷水備用。
4　鱔魚去頭尾及內臟，切段，切花，汆燙備用。
5　大火燒熱鐵鍋，爆香蔥、薑、乾辣椒。
6　調中火放入鱔魚、八角、紹興酒及生抽翻炒。
7　最後調小火煮，加入蒜片，麵疙瘩略煮3分鐘。*
8　起鍋前灑點蔥花即成。**

*煮的時候不要攪動，以免麵疙瘩軟塌。
**鱔魚麵疙瘩算是紅燒菜，成品不見湯，以濃稠為佳。

農家漲蛋。

● 所謂「漲蛋」，就是厚煎蛋餅，是普及的農家菜。

農家多養飼走地雞，雞蛋蛋味濃郁，與現場採摘的青蔥是絕配。

材料

走地雞蛋｜6顆、青蔥｜150克

調味料

鹽｜2茶匙

做法

1　青蔥洗淨切碎。

2　打散雞蛋，加入蔥花順時針打勻。

3　平底圓鐵鍋大火燒紅，倒入較多花生油。

4　蛋液入鍋前放鹽攪勻。

5　邊旋轉鐵鍋，邊倒入蛋液，中火煎3分鐘。

6　移鍋離開火源，翻蛋1次。*

7　放回火源，中火再煎3分鐘，離火再翻蛋一次，再略煎即成。

*要成功翻蛋，油溫是關鍵，中途必需移離火源。

武漢。南京。杭州。黃山。

● 馬齒莧是野菜，屬南京旱八鮮之一；夏天的時候摘來曬乾，三天的大太陽曬乾了可以保存一年，用之前泡軟。

馬齒莧燒肉可以做主菜，也可以做包子和餛飩的餡。

馬齒莧燒肉。

材料
乾馬齒莧｜300克、帶皮五花豬肉｜300克
蔥段｜適量、薑片｜適量

調味料
鹽｜1茶匙、白糖｜1茶匙、生抽醬油｜1湯匙
老抽醬油｜1湯匙、紹興酒｜2湯匙、陳醋｜1湯匙

做法

1 乾馬齒莧洗淨，再用開水燙洗，然後浸泡溫水30分鐘，隔水瀝乾，切段備用。

2 五花肉汆燙抹乾，切小塊備用。

3 中火燒熱鐵鍋，倒少許油，翻炒五花肉至七成熟。

4 加蔥、薑、八角、紹興酒及陳醋略炒，再擱點鹽、糖、生抽、老抽翻炒。*

5 加半碗水燜燒至收汁，約15分鐘，盛起備用。

6 中火燒熱鐵鍋，加油翻炒已浸軟的馬齒莧，調入鹽、糖、醬油炒勻。

7 倒入五花肉，燒十分鐘即可起鍋。

*鹹淡調節，作主菜可淡，佐麵食或稀粥則可稍鹹一些。

● 白魚屬長江魚，魚身白，細骨多，不宜蒸吃，適宜煎香燉湯。

白魚燉豆腐。

材料

白魚｜900克*、嫩豆腐｜1塊
青蒜｜1株、薑片｜適量、蔥花｜適量

調味料

紹興酒｜2湯匙、鹽｜2茶匙

做法

1　青蒜、薑、蔥洗淨，切碎備用。
2　白魚請魚販宰好，洗淨瀝乾，魚身抹一茶匙鹽備用。
3　大火燒熱鐵鍋，倒入花生油，煎魚至兩面金黃。
4　準備砂鍋放入煎魚，加清水及紹興酒至半鍋，大火燒開。
5　蓋上鍋蓋，中火燒15分鐘至湯色轉白。
6　豆腐切成片放入鍋中，燒5分鐘。
7　最後加入青蒜、薑片、蔥花及鹽略煮即可起鍋。**

*若沒有白魚，可試以泥鰍代替。
**若想魚湯濃白，竅門是不能太早放蔥，起鍋時才可放，因青蔥吸油。

武漢。南京。杭州。黃山。

● 河蚌是江南湖水、河道裡的美味水產；農曆三月前後，天氣乍暖還寒，碧淨河水還沒有蝦蜢蟲子，此時河蚌最肥美鮮嫩。

青菜河蚌。

材料

河蚌｜1200克*、嫩菜芯｜300克

調味料

紹興酒｜2湯匙、薑片｜適量、蔥｜適量、鹽｜2茶匙
白糖｜2茶匙、胡椒粉｜少許

做法

1 嫩菜芯洗淨摘好，河蚌剖開，去殼去腸洗淨，用刀背均勻敲打河蚌邊緣。**

2 湯鍋注入半鍋清水，加入紹興酒、薑、蔥，大火燒開，放入河蚌，煮10分鐘至半熟，撈起切塊。

3 大火燒熱鐵鍋，中火炒嫩菜芯，拌入煮蚌湯汁略炒，加入河蚌塊、鹽、白糖，最後撒胡椒粉起鍋。

*找不到河蚌，可試以其他貝類海產代替，如象拔蚌或大花蛤。
**敲打河蚌可使煮時不卷縮致韌。

高建府先生與Annie比劃著疊元宵的動作。

親情相傳 疊元宵

炒好的黑芝麻餡分成小顆粒,沾點清水,
扔進糯米粉陣中,轉動著輕搖竹簸箕,
皚白的糯米粉層層疊加在芝麻餡外頭,
慢慢滾大如小雪球。

初次見高建府先生,記得他的一口南京
腔調很濃,Annie幾乎聽不懂他的話,
老人家早知道有朋自遠方來,起了一副
對聯,「紫荊花開香金陵,梅花笑迎港
貴賓。」

初聽,還真沒聽得明白,方想起,南京
古屬吳國,老先生說的就是吳語了,可
先生否認,「基本上,我說的不是南京
話,是南京的普通話,會南京話的人已
經不多了。」南京方言,一如老南京家
常吃食,被時間沖刷得七零八落。1937
年生的高老先生,回想從前,許多美食
在外頭確實找不到了,像疊元宵。

元宵,就是嶺南的湯圓,初聽高老先生
說「疊」字,如「滴」音,Annie還以

高老先生家的一桌家常菜，野菜鮮蔬，撫慰遊子脾胃。

為是水滴的滴，正想問糯米粉漿如何滴出湯圓來…

「這個『疊』，不是滴水的滴，而是層層疊疊的疊。」高建府的疊元宵從母親手上學來，不用先搓麵糰，而是用一個古老的竹簸箕滾成的。簸箕很古典，眾人問Annie，在香港找不著它，有什麼可以代替，她說，廚房用的笸箕也行，只要是圓的，用盤子也可以；簸箕的好處是不平滑，做出來的元宵細緻。「用編的草帽也可以哦！」攝影師的戲言，還贏得了大家贊同，要是你的草帽夠乾淨的話。

竹簸箕內裝載糯米粉，將炒好的黑芝麻餡分成小顆粒，沾點清水，然後扔進糯米粉陣中，轉動著輕搖竹簸箕，餡料會自個兒滾動打轉，鎧白的糯米粉層層疊加在芝麻餡外頭，一層一層，疊好灑丁點水再疊，其貌不揚的芝麻餡慢慢滾大如小雪球。

這種古老的元宵做法，做出來的元宵緊實。餡料可根據自己愛好，有些人做松子的、豆沙的、白糖的。疊元宵很少人會拿來煮甜湯，最好的吃法是炒。

炒元宵從前只有過年時候吃得著，高老先生的母親用一個大鐵鍋炒一大盤子，一炒起碼得三十多分鐘以上，必須很小很小火地炒。「過去小男孩不許弄，我就在旁邊學，就像安妮現在似的。」高老先生下了點油，小火燒着鐵鍋，把元宵倒進去炒，Annie就在旁邊幫忙。

初時炒的十分鐘，基本看不出來元宵有任何的變化，卻又不能用大火，只能小火慢慢炒，高老先生炒了一會兒，手也酸了，Annie請纓上場；她想快手翻炒可能有幫忙，猛炒之時，豈料高老先生卻阻止說：「炒元宵是耐心活兒，不能

武漢。南京。杭州。黃山。

117

1 2 竹籤箕是疊元宵最重要的工具，凹凸不平的表面可以讓元宵翻動不停。

3 芝麻餡要沾水才可以粘著糯米粉，疊時不夠黏了，也要沾一下水。

4 小火慢炒，等待小小元宵在鐵鍋上脹大。

炒太快，中途也不能加油。炒呀炒，就不會粘鍋了，炒到表面有油光，發胖了就好。」

十多分鐘了，始見元宵慢慢脹大。原來疊元宵時，籤箕篩動令空氣進入糯米粉層裡，炒時熱力使餡料和米粉逐層膨脹起來，「炒呀炒，元宵在鍋裡開始有起泡泡的滋滋聲響，圓圓的元宵外好像有層皮子一樣。」到十多分鐘時調大火，至元宵表面呈金黃色，此時元宵脹大，猶如墨魚丸子似的！

「炒元宵可會加點芝麻在外面？」有人問。「炒完之後，就這樣直接吃好了，什麼都不用放。」高老先生說。

看著熱騰騰的可愛元宵，Annie和大夥就像圍在爐旁的孩子一樣等著吃，高老先生和家人們和善地笑著看，我們迫不及待，一人拿一顆墨魚丸似的元宵，放進嘴裡，外皮香脆，咬進裡面卻香糯柔韌。

對比超市垂手可得的冷藏湯圓，做一顆疊元宵所花的工夫多得多，然而，這顆跨世紀的產物，盛載前人積累的無數經驗，疊加之間，層層是母親對孩子真摯的情感，看著高老先生家裡六個老人帶著一個小男孩，男孩萬千寵愛在一身，老人家的關心都灌注在元宵裡，他長大以後，但願這種滋味不會丟失。

→ 食譜

老南京家常菜三道

疊元宵
三鮮鍋巴
糖炒馬蘭頭

疊元宵。

● 疊元宵是古早的南京味兒，與市面湯圓最不同之處，是以簸箕（竹製老笸箕）搖動裹上糯米粉多層而製成；餡料變化很大，松子、豆沙、黃糖、芝麻亦可。

炒至外皮金黃才吃，顆顆脆皮元宵惹味得很。

材料

糯米粉｜900克

芝麻餡材料

黑芝麻｜300克、豬油或牛油｜1湯匙、白糖｜半包*

做法

1　小火燒鐵鍋，不放油，慢慢炒香黑芝麻，約10分鐘。

2　炒香的黑芝麻和白糖一起放入研磨機，打成細末。

3　將打好的黑芝麻糖末和豬油/牛油拌勻，做成小顆粒。

4　放入保鮮盒中冷藏凝固。

5　準備小碗清水，及有孔小鋼勺。

6　用簸箕或大圓盤盛載一碗份量的糯米粉。

7　拿出芝麻餡顆粒，置於有孔小鋼勺上，略浸清水幾秒。

8　然後將芝麻餡扔入用手轉動著的簸箕中。

9　一直搖動簸箕，使餡料沾勻糯米粉。

10　至不見黏性，把元宵置於有孔小鋼勺上，再略浸清水幾秒。

11　重複之前的步驟，約三至四次，至疊上十層糯米粉，元宵會如滾雪球般滾大數倍。**

12　小火燒熱鐵鍋，塗上薄薄一層花生油，放入元宵小火慢慢炒至脹大，約15分鐘。

13　元宵外皮開始金黃，轉大火再炒5分鐘，即可盛起食用。

*可根據口味調節糖的份量。
**多裹幾層糯米粉，可防止元宵在炒製時流出餡料。

武漢。南京。杭州。黃山。

121

● 三鮮鍋巴是南京人在抗日戰爭時最流行的菜式，老人家以鍋巴做好、澆上三鮮湯的滋滋一聲比喻轟炸東京，事過境遷，如今這道菜已成為一般的家常菜。

三鮮鍋巴。

材料
　豬瘦肉｜75克、本菇（鴻喜菇的港稱）｜75克、番茄｜1個
　竹筍｜2根、黑木耳｜38克、糯米｜半杯、薑片｜適量

調味料
　鹽｜1茶匙

醃料
　生抽醬油｜少許、糖｜1茶匙、紹興酒｜少許、太白粉｜少許

做法
1　前一夜煮好糯米飯，攤開冷藏備用。
2　黑木耳泡軟洗淨切絲，本菇、番茄、竹筍洗淨切片。
3　豬瘦肉洗淨切片，用少許生抽、白糖、紹興酒、太白粉及水拌勻，醃15分鐘。
4　大火燒熱鐵鍋，倒少許油炒熟肉片，撈出備用。
5　倒油，炒香薑片，加入本菇、木耳、番茄、竹筍煸炒片刻，加入兩碗清水及鹽煮三鮮湯，約10分鐘。
6　大火燒熱鐵鍋，放油燒至七成熱，糯米飯分數次擱於鍋鏟上，炸至金黃脆身，瀝去油分。
7　炸好的鍋巴分裝於碗中，將煮好的三鮮湯澆在鍋巴上，即可食用。

糖炒馬蘭頭。

● 南京人喜野菜，琢磨出炮製的妙法，例如炒馬蘭頭，因其味帶澀，炒時應多放油及糖，然下手需適當，以吃不出甜味為佳。

炒好的野菜，還要在菜中央挖一小洞，使野菜上桌時不致發黃變老，依然鮮嫩。

材料
　馬蘭頭* ｜ 500克

調味料
　鹽 ｜ 1茶匙、白糖 ｜ 2茶匙、菜油 ｜ 4茶匙

做法

1　馬蘭頭洗淨切段。

2　大火燒熱鐵鍋，放油。

3　放入馬蘭頭翻炒一會兒，加糖及鹽略炒，起鍋。

4　盛起時，於菜中央挖小洞散熱即可。

　＊菊科植物馬蘭的嫩葉。

→ PART 3

杭州。

水鄉遺風

杭州塘栖廣濟橋，在咫尺之遙，
細味豐子愷筆下的江南水鄉之美。

餘杭塘栖吃食，
集滬杭遺風。

暮春三月，西湖上一片迷濛，小橋湖水細雨綿綿，亭台樓閣古色古香，踏遍西湖岸階，遊人疏落之處，舊時西子湖姿色尚存。

撐着傘子，從西湖漫步往龍井茶園走去，宣傳標幟開始過分醒目，與其跟遊客擁擠，還是別過盛名的龍井，遁入梅花古林不知處。遠離杭州市區，擺脫城市污染，只餘眼前「十里梅花香雪海」，倚窗細看古梅凋零，遠眺徑山，

品茗嚼年糕。

杭州北部的餘杭塘栖，吃食集滬杭遺風，民風仍然純粹，深入竹林挖毛筍，啖半顆粢毛肉圓，聽乾隆下江南的故事。小店鄉里仍在口耳相傳，古老運河承載著的古老故事，江水流過一個個古鎮，守住古鎮的人們，吃進嘴裡，捏在手中，或許還是老帝皇難以忘懷的滋味。

武漢。南京。杭州。黃山。

梅花輕軟，青梅酸甜，淺嘗江南水鄉意境；
米糕清甜，茶香悠長，細啖吳越雋永滋味。

塘栖古鎮 老味兒

乾隆七次下江南，塘栖是必到之地；
　當時廚子誤打誤撞做成菜毛肉圓，
沒想到獲得乾隆皇帝讚賞，流傳至今。

杭州是著名旅遊城市，遊客很多，連帶飲食文化也混雜起來。西湖畔的名店名吃雖多，卻難免變調，為了多賣點錢，許多廚房轉而招聘粵菜師傅，是故，令人心動的老派杭菜愈見稀少，杭州市集旁的大街小巷，五湖四海的小吃皆有，就是少了杭州老味兒。

「想找傳統的嗎？去塘栖好了。我每次回家省親，杭州朋友都要我帶點心給他們。」帶我們在杭州到處跑的孫瀅是塘栖姑娘，問她對杭幫菜的想法，她的回答令眾人唏噓：「杭幫菜太沒味，我們都不吃，年輕人都只喜歡吃川菜了。」想找尋常杭州菜，只有往北進入古鎮。

1 清明前的塘栖古街，沿途小店盡在賣點心，像粢毛肉圓和清明粿。
2 3 4 絞肉混合泡過的糯米打上勁，再在糯米池中滾一圈，做成粢毛肉圓。

乾隆下江南，曾到過塘栖，鎮水北明清街仍保存當年乾隆留賜的御碑。塘栖原名「下塘」，南宋時有唐栖寺，因軍糧運輸開鑿了杭州至此處的運河航道，人們從此沿塘而栖，故名「塘栖」。在塘栖古鎮的古街行走，會為小店的各式各樣小吃著迷，其中一樣就是「粢毛肉圓」。

天然糯米微微泛黃，清水淹過泡上半天，瀝去，留下糯米顆顆分明，慢慢把肥瘦相間的五花肉剁成肉糜，拌入蔥、薑、水酒和鹽，與糯米拌勻搓成丸子，抖進濕潤糯米中滾一圈，入蒸籠蒸。蒸好的肉圓外表，糯米晶瑩如珠，妝點丸子成粢毛，乍看猶如刺蝟。

「這道菜是乾隆也愛吃的名菜，可是因為現在的人都喜歡小份小份的，我們都把粢毛肉圓改成入口大小，從前我家裡過年吃的都這麼大！」說時，許建國師傅用拳頭比了一比。

1

2   3   4

春末賞晚梅。

沿湖畔，探茶園，巡運河，繞梅園，
隨舊人足跡，漫遊江南佳麗地。

1 水天一色，令人迷醉。
2 雨中西湖，楊柳青青。

許建國是餘杭人，自小看父母親做傳統美食，乾隆下江南的逸聞故事也記得琅琅上口。「乾隆皇帝七次下江南，塘栖是乾隆必到之地，這裡還有他的行宮。接待皇上，吃是大事，當地小官把功夫了得的塘栖廚子召集其中做菜侍奉，不料有一廚子卻做錯事，用來燒獅子頭的肉丸子，一不小心丟進泡好的糯米裡，糯米一粘上去，來不及剔乾淨，只好硬着頭皮把丸子上蒸籠一蒸，誤打誤撞，想不到味道奇好，廚子還得到乾隆皇帝讚賞，這道菜就流傳至今。」

做粢毛肉圓的功夫不難，只是做丸子的時候要多打幾下，肉餡打起膠，選用優質糯米，蒸出來的效果才好看，糯米才有咬口。

「折一支梅花吧，點綴一下，古梅的花瓣已經凋謝得差不多，還有幾株年輕的梅花還長着花蕊，要不到梅園裡轉一轉？」許師傅邀大家一道賞花去。

梅花落 挖毛筍

許師傅工作的地方是餘杭有名的超山風景區。

每年梅花節，全國各地來賞花的人絡繹不絕；只因此地的種梅歷史有千餘年，南宋時期已是有名的賞梅勝地，晉、隋、唐、宋、元五大古梅樹，超山已佔其二——唐梅和宋梅。漫山遍野的臘梅、紅梅、綠梅，蔚為壯觀。

「這裡的梅花季節是二月開始，現在梅節剛過，遊客少了，廚房裡空閒下來，等我帶你們去山上的竹林玩兒吧！山路有點陡峭，你們行嗎？」許建國個子瘦小，走起路來很靈活，爬了百多級石梯，再走十分鐘泥巴路上山，我們終於走進竹林之中，空氣瀰漫着新竹的清新，放眼看去，竹子青青一片清靈，與地上竹葉的枯黃色，把春末深山暈染成悅目的自然色調。

武漢。南京。杭州。黃山。

1 挖毛筍要有大鐵鏟幫忙才挖得動。
2 毛筍是清明前的竹筍，因根部附近長出短絨毛而得名。
3 竹林裡冒出頭來的毛筍。

「杭州人一年四季都吃筍子，春筍，毛筍，冬筍，筍乾。梅花謝了，這個季節挖出來的竹筍呢，就叫毛筍。你摸一摸，筍子上真的長著些絨絨細毛，別的地方的人不一定喜歡吃它，吃起來有些毛，味道有微微苦澀。」

杭州人愛吃筍子，春天吃春筍，冬天吃冬筍。春末之際，春筍已經長胖了，皮殼外生細絨毛。種竹的老人說，只有看起來長不成竹子的，才應該挖；能長的，就應該讓它長成擎天竹林。所以，找不找得著毛筍來吃，也要碰運氣。可以挖的毛筍，除了燉來吃，還可以做筍乾，用鹽水煮過了，側切成片，曬乾存放起來，多少年都不壞。

「毛筍跟春筍的區別，是毛筍吃起來喉嚨裡面會有一點癢。它的體積比較大，沒有春筍的甜味，反而有一種澀味，吃不慣的話，最好先醃製，用鹽水煮過，再用清水浸泡一下，再用鹹肉燉。我一般不用鹽水煮，因為客人要吃的，就是它的本味，它的澀味。只要煮之前出一出水，毛筍吃起來就不會癢。」

餘杭傳統 打年糕

老杭州有個古老的習俗，是打年糕。現在工業發達，人們多買現成，許建國的老家，偶爾還會在過年時召集各家壯丁，一起打年糕。

「我6歲到15歲時，最喜歡打年糕和吃年糕，看著大哥哥們打年糕，很有男子氣概啊！因為只有壯年的男子才會被委派打年糕的工作，你不知道吧？我18到

1 缶盧山莊大廚許建國與打年糕必備的工具：大榔頭和石頭模具。
2 炸年糕捲成麻糍。
3 蒸年糕配徑山茶。
4 炒芝麻年糕。

20歲時打過，你千萬不要以為打年糕容易，大冬天我們也要穿短袖打；因為它的黏性，打不到一會兒就滿身大汗，一個人最多打十五分鐘，就要換人打了，累到不行！」許建國拿起大榔頭示範，一使勁馬上臉紅脖子粗。

餘杭的傳統做法，打年糕要用上幾件必要的工具：一個石頭模具，兩個木頭的大榔頭，即是槌子，還有一個地灶、地灶鍋和木桶。

糯米粉加粘米粉略略用水淘過，水不能多，一點點就行；粉要散開，不能是水狀，然後下蒸籠蒸。蒸好放入石鍋，由兩個壯年男人用大榔頭敲打，打過了又翻，翻了再打；基本是翻打五到七次，多次翻鍋，大概三十分鐘左右。最後，把年糕攤在木床板上，用扁擔壓成長方形，厚度在五公分左右，晾在陰涼地方，或者打好切片，浸在清水裡，可以存三個多月。如果不浸水，冬天乾燥，年糕被風吹會碎掉。

杭州人吃年糕，鹹的甜的都愛。在梅花園裡，沏一杯龍井，配的年糕，灑上桂花糖的最好；眺望遠山，夕陽映照，這難道不是蘇軾也羨慕的生活？

杭州缶盧山莊
杭州餘杭超山風景名勝區
查詢：86-0571-86315677

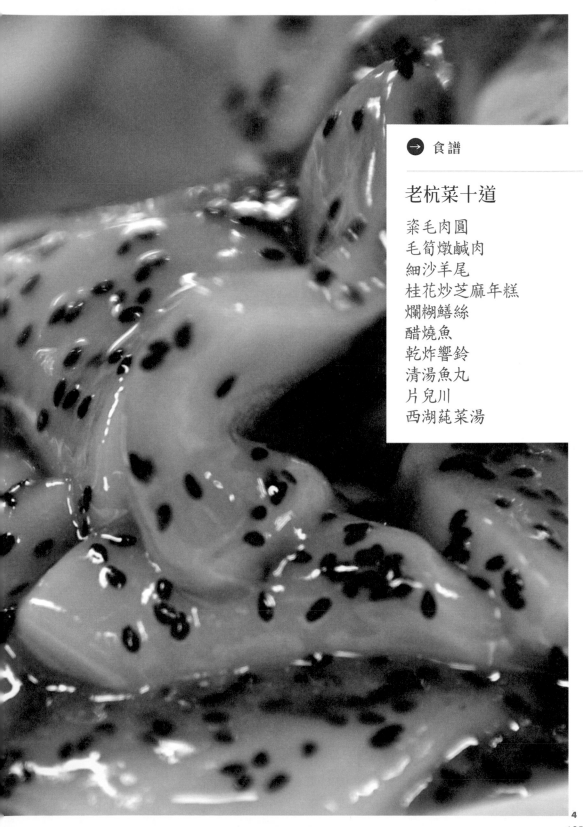

粢毛肉圓。

● 江南多產糯米，一道粢毛肉圓，源自燒獅子頭；當年乾隆皇帝下江南，廚子一不小心把肉圓丟進廚房裡泡軟的糯米當中，誤打誤撞蒸成粢毛肉圓，幸得乾隆喜愛而成名，流傳至今。

材料

五花肉｜300克、糯米｜113克、荷葉｜2張

醃料

鹽｜2茶匙、黃酒｜2湯匙

做法

1　糯米泡一個半小時，瀝乾水分，備用。
2　新鮮五花肉洗淨，切小塊，剁細成肉末。
3　加入鹽、黃酒拌勻肉末。
4　然後加入一半的糯米。
5　肉末打上勁，至有彈性。
6　搓成網球大小，做五個，在另一半的糯米裡滾一圈。
7　準備大的蒸籠，荷葉鋪底，放入粢毛肉圓。
8　清水燒開，大火蒸25分鐘至熟即可。

武漢。南京。杭州。黃山。

● 清明節前後，杭州郊區的竹林裡會長出很多毛筍，餘杭一帶尤甚。

毛筍除了燉來吃，還可以做筍乾，用鹽水煮過了，打成片，曬乾就是。

毛筍燉鹹肉。

材料
鹹肉｜300克、毛筍｜600克、薑片｜適量

調味料
鹽｜1茶匙、白糖｜1茶匙
黃酒｜2湯匙、高湯｜半杯

做法
1 鹹肉略洗，切薄片。
2 毛筍洗淨去皮，先用開水煮10分鐘，待涼後切滾刀塊。
3 燒熱鐵鑊，不用放油，慢慢炒鹹肉，至油滲出。
4 放入筍塊續炒5分鐘左右。
5 倒入高湯、黃酒及薑片，調中火慢燉30分鐘，起鑊前放鹽調味即可。

143

細沙羊尾。

● 細沙羊尾是一道古老杭州甜點，相傳也是乾隆皇帝喜愛的小點之一。

外表看起來和吃起來都有點像京菜甜品「高力豆沙」，外皮鬆鬆的有蛋香，裡頭用豬網油*是古老的做法，讓豆沙吃起來更豐腴美味。

材料

現成紅豆沙餡｜225克**、豬網油｜75克

糯米粉｜38克、麵粉｜38克

雞蛋｜3顆、白糖｜38克

做法

1　豬網油剝去韌膜，攤平切成20等份。

2　紅豆沙餡捏成20粒丸子。

3　豆沙丸子放在豬網油上捲好，沾上乾糯米粉，用手捏成「羊尾餡」。

4　雞蛋打至起泡，加入麵粉，拌成麵糊。

5　再把「羊尾餡」逐一沾上麵糊。

6　鐵鑊倒入三分之一油，大火燒至三成熱。

7　調小火，放入羊尾，慢慢炸至外層脆身，呈金黃色起鑊。

8　吃時可伴白糖食用。

　　*豬腹的一層油膜。

　　**親手做豆沙餡也可以，紅豆先蒸熟，加入黃糖煮成泥，待涼即可。

武漢。南京。杭州。黃山。

● 浙江杭州一帶的傳統年糕是用大木槌打的，現在能吃得上的機會很少。

家裡自己做年糕，可以用糯米現磨成糯米粉漿，或更簡單的，用質量較好的水磨糯米粉，自己做糯米年糕炒來吃，味道比現成的年糕片好。

桂花炒芝麻年糕。

材料
粘米粉｜600克、糯米粉｜600克、白糖｜600克
清水｜1杯*、桂花糖｜1湯匙

做法
1　粘米粉、糯米粉加入白糖及清水拌勻，製成糕漿。
2　預備蒸籠，白棉紗布鋪底，倒入糕漿。
3　大火燒開水，蒸約15分鐘，待稍涼。
4　取潔淨棉布一塊，用涼開水浸濕，包住年糕，反覆搓揉。
5　取走棉布，壓平冷藏，待涼成形，再將年糕切成長方小塊，並汆燙。
6　大火燒熱鐵鍋，放一點油，翻炒年糕片，灑入芝麻，翻炒均勻，起鍋。
7　最後灑上桂花糖即可。

*各地的溫度及濕度有異，水量需略作調整。

● 浙江人士過去喜吃軟爛菜式，鱔絲多煮至爛糊形態，是為富人吃食特點。

事移世易，烹調習慣日改，今人更鍾情於有嚼口的鱔魚。

爛糊鱔絲。

材料

鱔魚｜600克、薑絲｜適量、洋蔥絲｜適量
蒜蓉｜適量、紅椒絲｜適量、紅蔥絲｜適量

調味料

豆瓣醬｜1湯匙、蠔油｜1湯匙
生抽醬油｜1湯匙、老抽醬油｜1湯匙
黃酒｜1湯匙、白糖｜1茶匙

做法

1　鱔魚汆燙撈起，用冷水冷卻。
2　用竹籤在鱔魚身上劃三下*，去掉魚骨及灰色魚腸等內臟。
3　鱔魚用清水沖淨，切成5公分長段。
4　大火燒熱鐵鑊至七成熱，放入洋蔥、薑、蔥、蒜炒香，加入鱔絲煸炒30秒鐘。
5　最後加入豆瓣醬、蠔油、黃酒、生抽、老抽、白糖，大火煮至收汁起鑊。**
6　洗淨鐵鑊，大火燒熱1湯匙油，成響油。鱔絲中央放紅蔥絲及紅椒絲，澆上響油即成。***

*三下分別落在腮邊一下，及脊樑骨兩側。
**鱔魚在煸炒後不能加水，只能加黃酒，否則魚味盡失。
***響油是這道菜最重要的部分，可令鱔絲吃起來帶蔥香味。滾熱的油淋下滋滋作響，故稱響油。

武漢。南京。杭州。黃山。

● 西湖醋魚名聲響亮，但做法很簡單，甚少見於浙江人的飯桌上，論受歡迎程度，遠遠不及醋燒魚，後者的味道更香濃，更適合今日杭州人的脾胃。

醋燒魚。

材料
大花鰱 | 1尾，1800克*、薑片 | 適量
蔥段 | 適量、蒜蓉 | 適量

調味料
生抽醬油 | 1湯匙、老抽醬油 | 1湯匙
黃酒 | 1湯匙、陳醋 | 1湯匙、白糖 | 1茶匙

做法
1　大花鰱請魚販代為去鱗、去頭尾、剁厚塊，洗淨瀝乾備用。
2　大火燒熱油鍋，倒兩匙油，爆香薑、蔥、蒜。
3　加入魚塊翻炒，然後倒入黃酒、生抽、老抽、清水，至剛好蓋過魚塊。
4　加蓋，大火煮至七成熟，掀開鍋蓋。
5　加入醋和糖，大火收汁起鍋。

*大花鰱比較難找，可選用三斤以上、肉多骨少的魚，如鯇魚亦可。

● 響鈴指的是豆腐皮，這道菜其實就是炸腐皮卷；何以起名響鈴？是由於一位路見不平的大漢。

據說，古時杭州城裡有一大一小兩家飯店，大飯店想要獨霸生意，常惹是生非，欺負小店。有一天，小店的腐皮缺貨，大飯店的老闆唆使一幫無賴在小店點腐皮吃，揚言吃不到就砸店了事，有一彪形大漢看不過眼，騎上黃驃馬奔至泗鄉買來腐皮相助；小店老闆感激萬分，為了紀念這位好漢，就把豆腐皮捲成馬鈴狀，因而流傳至今。

乾炸響鈴。

材料

腐皮｜5張、瘦肉｜38克、雞蛋｜1顆

紹興酒｜1湯匙、鹽｜1茶匙、甜麵醬｜1湯匙

做法

1　瘦肉洗淨剁碎，加入雞蛋、鹽、紹興酒拌勻。

2　腐皮浸清水至略軟，去除稍硬的邊角，對半切成長條形。

3　肉碎均勻攤在腐皮一端，然後以四公分為一摺，摺五下左右成腐皮卷。

4　介面處沾清水使之粘緊，然後切成五公分寬的小段。

5　燒熱鐵鍋，倒入1/3鍋的花生油，燒至三成熱，放入腐皮卷炸，一邊用湯勺澆熱油在腐皮卷上，至金黃鬆脆，約40秒鐘左右。*

6　起鍋瀝油，配甜麵醬食用。

*油溫三成熱，大概是筷子下去有小泡就好，油溫足夠才可令腐皮炸得酥脆。

● 杭式魚丸以色澤素白，入口軟滑為佳，與講究咬口及彈性的潮州魚丸截然不同。

清湯魚丸。

材料

白鱸魚 | 2條，每條約1200克*、豆苗 | 數株
鮮菇 | 2朵、金華火腿 | 1小塊、枸杞子 | 數顆

調味料

薑汁水 | 少許、鹽 | 1茶匙

做法

1 鱸魚請魚販代為宰好洗淨，頭尾斬下保留，煮湯備用。
2 豆苗及枸杞子洗淨，備用。
3 兩小時後，用刀把魚肉刮下來，去掉有紅筋的部分，用清水略泡。**
4 把魚肉剁成茸，用手順時針打魚，邊打邊加薑汁水，打上勁，約40分鐘，用手擠成魚丸。
5 魚丸放入冷水鍋中10分鐘，然後置於中火，水近沸時加入冷水，重複3次，魚丸撈出瀝水。
6 把適量清水放入砂鍋，大火把魚頭和魚尾熬成魚湯，約30分鐘，濾渣備用。
7 將魚丸放入魚湯，加入豆苗及枸杞子略煮，最後加鹽調味上桌。

*找不到鱸魚，可使用其他白身魚。
**活魚太緊難取肉，兩小時後再取肉，魚肉變得稍硬，可以輕易刮下來。

● 片兒川是杭州家家戶戶會吃的麵食，其中一定會用上醃菜，鄉郊人家會自己醃老鹹菜，名字就叫「倒篤菜」。

片兒川的麵條，一般用手擀麵，不用乾燥過的，麵質更好，更易入味。據說，片兒川的「川」原為汆，是指麵條汆水而過的意思。

片兒川。

材料

手擀麵 | 188克、瘦肉 | 75克
雪菜 | 75克、春筍 | 1根

調味料

鹽 | 2茶匙、太白粉 | 1茶匙、黃酒 | 2湯匙

做法

1　瘦肉洗淨切片，少許鹽、太白粉、1湯匙黃酒醃10分鐘。

2　春筍去皮，切薄片備用。

3　起鍋，先炒肉片至色變白，放入筍片和雪菜同炒，同時放1湯匙黃酒；1分鐘後，加入2湯匙清水略煮，收汁下鹽調味，撈起備用。

4　湯鍋準備大半鍋清水燒開，放麵，至麵略軟，倒走水分。

5　加入雪菜、筍片、肉片，煮5分鐘。

6　下鹽調味即可。

西湖蒓菜湯。

● 蒓菜，即蓴菜，又名水蓮葉。杭州西湖種植蒓菜歷史悠久，有「花滿蘇堤抑滿煙，采蒓時值艷陽天」之誦。蒓菜味道清鮮，嫩莖、嫩芽及卷葉周圍都有一層透明的膠狀物，含高膠質與蛋白質，自古被視為天然營養品。

材料

西湖蒓菜｜150克*、鹽｜1茶匙
金華火腿｜1小塊、高湯｜4碗

做法

1　金華火腿切成絲，備用。
2　清水注入湯鍋，加入蒓菜煮至沸騰立即撈出，瀝去水分，盛於湯碗中。
3　高湯煮沸，下鹽調味。
4　於蒓菜鋪上金華火腿絲，澆下高湯即可。

*找不到新鮮的蒓菜，可到南貨店找罐裝蒓菜或蓮葉代替。

杭州遍地茶園，龍井茶鄉有乾隆御茶樹十八棵；茶聖陸羽的《茶經》亦於餘杭寫成，
此處產的徑山茶更遠傳東瀛，形成茶道文化。

龍井清新 徑山韻長

龍井與徑山，孰優孰劣，口味因人而異，
然而以茶入饌，卻二者俱佳。
而大廚樓石勇獨愛的是香茶焗蝦。

梅花盛開，到訪餘杭者眾，除了本地
人，更不乏日本、韓國的遊客，除了因
為花，還因為茶。西湖龍井享有盛名，
然而杭州還有另一種茶——餘杭徑山
茶，更為惜茶人尊崇。

餘杭的茶文化源遠流長，一千兩百年
前，茶聖陸羽在餘杭徑山寫就第一部茶
葉巨著《茶經》；七百年前，日本的聖
一國師圓爾辯圓到訪餘杭，師從徑山寺
無准法師，回國後將徑山禪寺的宴茶方
式傳入日本，逐漸演變成日本茶道。

「新芽新茶沒滋沒味，我們不覺得明前
龍井有多好喝，我們餘杭人更喜歡徑山
茶。」塘栖姑娘孫瀅如此分野，原來以

武漢。南京。杭州。黃山。

161

樓石勇是難得在工作以外仍然熱愛烹飪的廚子，
友儕常去他家打牙祭。

為只因她護鄉情切而已；然而，在西湖
畔品過龍井，再來到餘杭梅園中細飲徑
山，確然，後者韻味悠長，回甘更深
刻。或許，龍井就像清麗少女，徑山已
是頓悟人生的女子。

龍井與徑山，孰優孰劣，口味因人而
異，然而以茶入饌，卻二者俱佳。龍井
蝦仁聞名中外，茶道盛行，茶饌又豈只
一道，曾接受韓國、美國等多地媒體採
訪的大廚樓石勇，反而獨愛香茶焗蝦。
「茶葉在杭州很有名，杭州師傅比較熟
悉它的特性。香茶焗蝦取的，是茶葉的
香氣。一般我只有在家裡才吃油炸的
菜，因為自己可以選擇新鮮的油，茶葉
直接放進油裡清炸，通過油溫它的茶香
會突顯出來。」

茶葉先用熱水略泡開，再壓走水分，用
清油清炸至脆身；小河蝦放入有茶香的
油裡炸至金黃，再以黃酒點炒脆蝦，後
加茶葉同炒。焗蝦指的是，靠鍋裡的熱

1 2 3 水泡香味出，水分走，清炸香氣濃，焗河蝦，鮮味茶味齒頰留香。

力，把茶葉已經被提煉出來的香味與炸蝦融合在一起，起鍋前撒點椒鹽調味。

龍井茶葉炸得乾脆，挑幾片茶葉咀嚼，茶香中帶河鮮香，讓人不忍停口。小河蝦炸得澈底，油分一點也不覺得多，是油溫得宜之功，吃下一隻又一隻，餘韻齒頰留香。

油燜春筍 真家味兒

樓石勇是江南男人的典型，説話聲調輕柔，舉止慢調斯理。

在大酒店當行政總廚， 很多廚師回到家都不願意做菜，隨便打發一頓飯就算；然而樓師傅卻沒有這個感覺，喜歡做一頓飯給家人吃。你問他都吃些什麼，他最上心的，是油燜春筍；原料簡單得不得了，可是這是女兒最喜歡吃的，也是杭州孩子共同的家的回憶。

小孩子大概都不愛毛筍，酷愛春筍；二、三月的春筍，修長，嫩白，清甜。「削了皮，用刀拍一下，把它的纖維拍鬆，味道才能燜進去；然後切塊，鍋裡放多點油，小火慢慢炒，筍色從發白炒到帶黃就可以，五分鐘左右的事；然後是黃酒、醬油和白糖，慢慢煨，小火燜著，蓋上蓋子，再來五、六分鐘，火稍為大一點，湯一收汁就好。你看它的顏色是重油重糖的味兒，我們就喜歡吃這個，從小吃大的，有些人會加黃豆瓣，我家的不加，味道已經很足了。」

杭州菜裡用上筍子的很多，但看當天聚集在樓大哥家裡的哥兒們，一人一口把春筍吃光，你知道筍子怎麼做，也比不上一碗調味得宜的油燜春筍，能牽動他們的味蕾心事。春筍燜得入味，卻不失鮮嫩，做法簡單，人人做得出來，下飯單吃兩相宜，這才是杭州真正家味兒。

香茶焗蝦。

● 香茶焗蝦是從龍井蝦仁演變而來的新派菜。現代人不喜醃蝦仁奪去原汁原味，改以清油清炸，把二者的香氣提煉出來，只要油溫得宜，做出來的會是一道不油不膩的小菜。

材料

龍井／徑山茶葉｜38克、河蝦｜300克

醃料

椒鹽｜2茶匙、黃酒｜1湯匙

做法

1　準備半鍋清油，大火燒至三成熱。

2　茶葉先略泡熱水，用棉布壓乾水分，直接放進油裡清炸。

3　茶葉炸脆，撈起備用。

4　河蝦洗淨，放入炸過茶葉的油鍋，炸至金黃撈起。*

5　油倒走，放入炸蝦、茶葉和少許黃酒炒勻。

6　起鍋前加入椒鹽略炒即可。

*炸過茶葉的油再用來炸蝦，可使蝦身帶有茶香。

武漢。南京。杭州。黃山。

「無肉令人瘦，無竹令人俗。」竹筍，其實是竹的嫩莖，古人稱之為「竹胎」；陽春三月，細雨霏霏，春筍紛紛破土而出，素白甜嫩。

詞聖蘇東坡偏愛竹筍，亦曾書寫：「長江繞郭知魚味，好竹連山覺筍香。」

油燜春筍。

材料
春筍｜300克

調味料
生抽醬油｜1湯匙、老抽醬油｜1湯匙
白糖｜1茶匙、黃酒｜1湯匙

做法
1 春筍洗淨削皮，用刀拍鬆纖維。
2 大火燒熱油鍋，倒1湯匙油，下春筍小火慢炒至轉色，約5分鐘。
3 加入生抽、老抽、白糖、黃酒，蓋上鍋蓋，小火慢煨，約5分鐘。
4 掀蓋，調至大火至收汁，即可起鍋。

對杭州人來說，年糕是必需品，市場上可以買到切好一片片的年糕片，用來炒或煮湯皆宜；另外還有一板一板的年糕，用來做麻糍正好。

麻糍在各地有不同的做法，杭州一帶是把整板年糕先炸，再捲上芝麻或紅糖的餡，就像年糕卷似的，是許多人童年的過年回憶。

材料
糯米粉｜300克、清水｜113毫升

餡料**
紅糖｜2湯匙、芝麻粉｜2湯匙

做法

1　糯米粉和清水調勻至滑，放進大碟裡，隔水大火蒸6分鐘，待涼。

2　趁年糕軟身時下油鍋炸，中火炸至兩面呈金黃色就可以，約5分鐘，待涼。

3　趁熱在年糕上灑上紅糖及芝麻粉，捲起成長筒狀，切成段即可。

*台灣稱麻糬。
**餡料可隨個人喜好調整，鹹的也可以，當地人會做鹹菜肉餡的麻糍。

麻糍＊

武漢。南京。杭州。黃山。

171

筍乾老鴨煲。

● 杭州人認為，筍乾以天目山產的為佳。

此地的筍乾，配江南一帶生長的老水鴨，燉成的湯特別鮮；燉的做法，還使鴨肉酥軟不緊，入味耐吃。

材料

老鴨｜1隻，約1800克、金華火腿｜1小塊
筍乾｜75克、蔥白｜數段、薑片｜數片
黃酒｜1湯匙、鹽｜少許

做法

1　筍乾提早用清水泡5個小時，洗淨切段備用。

2　老鴨洗淨汆燙，約5分鐘至血沫盡去，撈起用清水洗淨，瀝乾備用。

3　金華火腿洗淨切片，備用。

4　老鴨放入湯鍋，再放金華火腿、筍乾、蔥白和薑片。

5　倒入黃酒和清水至淹過鴨身，大火燒開，小火燉3小時即成。

鹹肉蒸牛蒡。

● 山藥、芋艿（芋苗）和牛蒡等食材，吃起來帶點酥和糯的感覺，最為杭州人喜愛。

把牛蒡與鹹肉一起蒸，清淡鹹鮮，清麗純白的牛蒡可以把鹹肉濃艷的油香完全吸收，是完美的配搭。

材料

　五花鹹肉｜38克、鮮牛蒡｜300克

調味料

　鹽｜少許、白糖｜少許

做法

1　鹹肉洗淨，切片備用。

2　牛蒡削皮洗淨，切成長段，汆燙五分鐘。

3　牛蒡排入盤中，鹹肉片整齊鋪於牛蒡上。

4　大火隔水蒸10分鐘即可。

PART 4

黃山。

徽州古意

古雅的徽派建築群與群山疊嶂、悠悠清溪並存，

位於安徽黃山市黟縣的宏村，有種遺世獨立之美。

古樸典雅的徽州情懷，
還是應該停下來，配一壺毛峰細嘗。

巍峨黃山連綿無盡，油菜花漫山遍野，山路蜿蜒盡是竹海。身處其中，聯想住在竹林深處，似乎只有神仙眷侶或隱世俠客，「臥虎藏龍」的李慕白就在這片竹林裡縱身飛躍，玉嬌龍轉眼隱身不見…

安徽南端過去交通不暢，卻因此保存了谷中的山明水秀。對許多陌生人而言，黃山只是中國許多旅遊勝地之一；真正踏上這片土地，土生土長的徽州人會告訴你，除了秀麗風光，這兒還有很多東西可堪細味，不在黃山之上，而在古街上、古村裡。

入夜沿屯溪古街的石板路走，欣賞徽州古建築之美，徽州建築因徽州商人行商之便，早已聞名於世。小店攤上煎著的毛豆腐，是一家小小作坊默默用古老方法製作而成；「宏村」古建築的灰瓦粉牆下，還得見徽州火腿在空地上，被棉線穿起迎風晾曬，它比金華火腿更早成為貢品…

這一切與旅遊景點的飛黃騰達無關，而是源於古老悠久的徽州文化。古樸典雅的徽州情懷，還是應該停下來，配一壺毛峰細嘗。

蔣光明是傳統「呈坎」毛豆腐的第六代傳人，把毛豆腐帶入上海世博會，是他迄今最光榮的事。

竹篾上 靜待發酵

「六月黃」咬開有濃濃豆香，是做好豆腐的先決條件。
而毛豆腐與其他發酵豆腐最不同之處，是它的點滷過程。

帶着我們到處跑的王文宣，是地地道道的徽州人。

她在屯溪一帶長大，古街上哪家老房子的外牆有什麼小機關，古建築的小窗口是在徽商出門經商後保護女人的，古蹟歷史，她一概瞭如指掌；外地人來了，應該在哪裡買毛峰茶葉，在哪一家茶館喝好茶，怎麼樣的宣紙墨硯才該買，她一律說得出所以然。

像小吃，在黃山最應該嘗的是毛豆腐，也是她教的。「高山的水好，這裡做的豆腐很出名的，古街上有小煎毛豆腐，蘸點辣椒醬嘗嘗吧！」說時文宣眨了眨眼睛，後來才知道，她是怕我們吃不慣。

看小吃店的阿姨煎毛豆腐，小塊小塊的煎，顏色帶點墨綠。狐疑味道跟臭豆腐差不多之際，煎好蘸辣椒醬一嘗，卻不覺得臭，反而有種奇異的豆香；吃起來外脆內軟，軟的部分不像石膏豆腐的滑，而

是有點像法國軟起司「布里（Brie）」，軟糯有致。不禁好奇如此豆腐是如何做成，文宣二話不說引領大夥到屯溪呈坎，一探碩果僅存的古法毛豆腐作坊。

想做出上好的毛豆腐，先要學會選好黃豆。黃山市與歙縣、休寧、黟縣等地，同屬丘陵地帶，土壤不算肥沃，長出來的黃豆雖喚「六月黃」，卻不夠圓且不夠黃，樣子其貌不揚，確實不及超市賣的好看；然而，它卻富含蛋白質，當地夏季雨水集中，使黃豆苗充分成長，高地日照猛烈，又可以在豆子結成後，把多餘水分蒸發掉。

「六月黃」咬開有濃濃豆香，是做好豆腐的先決條件。家傳至第六代製作毛豆腐的蔣光明，選黃豆用古法──咬豆子看優劣，「一般我會放進嘴裡咬一咬，豆子分明地斷開，代表含漿度高，一咬就糊了、散了的，就不行。」糊了、散了的豆子，代表水分含量太高，蔣說，這樣

1 蔣光明説，要做優質毛豆腐，「六月黃」必不可少。
2 毛豆腐的前期製作，一樣要煮漿、點滷、過濾、上板、
　切塊，做法與硬豆腐無異。
3 宛如戴上冠冕的毛豆腐，兔毛樣子的毛絮是發酵完美的象
　徵，吃來才軟糯有致。

的黃豆不適合用來做豆腐，豆味太淡。

蔣家的毛豆腐作坊，源於清朝的古方做法，經過十幾道工序，包括選豆、浸泡、磨豆漿、煮漿、點滷、過濾、上板壓榨、切塊…然而，為什麼到這個步驟為止，看起來跟平常的豆腐作坊並沒有多大區別？

「毛豆腐跟其他發酵豆腐最不同之處，是它的點滷過程。我家家傳的鹽滷是經過多年培養而成，百分之九十九是水，只有那個百分之一是不能告訴你的。」蔣光明如是説道。然而在安徽久了，老人們告訴我們，那百分之一是老滷水，它是毛豆腐成品的關鍵，就跟發麵糰的老麵一樣，是天然酵母，這個是作坊幾十年來不斷運作積蓄的成果，沒法外求。

一板豆腐製成，還要切成拇指大小方塊，擱在窄長的天然老竹箴上，撒上粗鹽，靜待四天，才可生出兔毛一樣嬌貴的細絨毛。

走進發酵房，空氣中飄揚的是竹子的甜和豆腐的香，小豆腐塊在根根竹箴上排列著，根據時間分成四個段落：發酵第一天的豆腐沒什麼動靜；第二天開始長出點點細毛；第三天毛絮長了，仍參差不齊；冠冕到第四天才長成。

做好的毛豆腐，會直送各地徽菜館，想吃蔣家的出品，要問清楚哪家菜館才行，黃山屯溪的「環翠堂」是其中之一。毛豆腐煎好，吃起來全然沒有毛絨感覺；一副冠冕經油煎後，會變得有韌性，包裹質感軟糯的內涵，入口豆味細膩香濃。

在作坊待過，看過蔣光明一家每個人如何聚精會神，一絲不苟為這方寸豆腐努力，父子倆點滷，堂哥切豆腐，表弟撒鹽，妻子擱豆腐…。小小毛豆腐，是一家人細心呵護而成，箇中滋味不是機械做的可以比擬。

徽州呈坎毛豆腐
黃山市屯溪區百鳥亭
查詢：86-13515590459

油菜花把春末皖南染得一片嫩黃。

黃山下灰瓦底，流傳著徽商輝煌的故事，
一陣春風吹過，往事隨花香飄遠。

徽州小子 老派菜

徽菜一離開了本地，
常因原材料不到位而令味道走調，
很多菜式必須得到風土氣候的配合才做得好。
像毛豆腐，在別的地方吃不上。

初見左建奎，會被他年輕的外表欺騙，以為他會像許多轉投新派菜的廚子一樣，揚棄傳統；然而事實是，他熱愛傳統徽菜，對它的優點瞭如指掌。

「很多人不了解徽菜，會覺得沒有特色，事實是徽菜一離開了本地，像在其他省市開的徽菜館，常因原材料不到位而令味道走調，很多菜式必須得到風土氣候的配合才做得好。像毛豆腐，皖南的山，皖南的水，做出來的毛豆腐，在別的地方吃不上。」

毛豆腐吃的是原材料，左建奎與蔣光明熟稔，取的都是毛豆腐中的上品，烹調技藝上不用什麼講究。

武漢。南京。杭州。黃山。

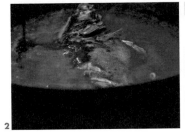

1 徽州火腿過去因明清徽商之名聞名於世，今日黟縣
　鄉間仍有許多農家自己醃製火腿。
2 3 以紅辣椒煉成的紅油紅燒臭桂魚，去腥氣之餘，
　　更令魚肉香辣惹味。
4 年紀輕輕的左建奎，是黃山有名的徽菜大廚。

要數左建奎最拿手的傳統徽菜，反而是臭桂魚。臭桂魚是吃徽菜必點的一道菜，桂魚易找，名義上的臭，卻可堪琢磨。

「說起來，徽州廚師學習做臭桂魚，必須要知道它的起源，其中也跟安徽省的名字淵源有關。你知道，安徽這兩個字，指的是從前的安興和古徽州，安興在長江邊上，許多漁民會把從長江抓來的魚，挑擔子到徽州來賣，兩地走來回要差不多七、八天的樣子。漁民因為怕魚在路途上變質，所以不停在魚身抹鹽，但七天時間不短，抹鹽也沒法防止魚肉發紅變味；漁民發現魚肉好像有點發臭了，只好自己紅燒來吃，不嘗還好，一嘗不得了，因而名滿徽州，歷久不衰。」

左建奎做臭桂魚，還沿用古老的醃製方法。新鮮桂魚去鱗及內臟後，沖水瀝乾，魚內外抹上鹽、花椒、乾辣椒、蔥和薑等調味料，再放在木桶裡醃製。醃魚的容器必須是天然的木料，不鏽鋼和塑膠都達不到效果。跟古早的漁民一樣，醃魚也要醃七天。冬天可以不用放進冰箱，期間需要幫魚翻身，讓魚肉充分吸收調味；七天之後，把魚放進清水裡洗淨，把發酵的味道和鹽分去掉，再汆燙、紅燒即成。

臭桂魚的臭，是自然發酵而來，聞起來微臭，吃起來卻不會。經醃製的桂魚肉還會起片，就像蒜片一樣，吃起來，紅燒外皮酥香入味，裡面肉質有嚼勁。這種經過時間沉澱而成的味覺感受，是清蒸鮮桂魚比不上的，懂得的人才會欣賞，就像醇酒一樣。

武漢。南京。杭州。黃山。

在宏村裡漫遊，美麗的徽派老建築前，常見村民曬梅乾菜和徽州火腿。

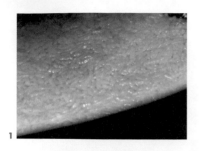

1 2 用米飯直接半煎炸而成的鍋巴，顆粒分明，香脆美味。

曬乾的鄉愁

走在黃山周邊的古村落，像宏村，像西遞，藍天碧水灰瓦粉牆，如畫的景致裡，總看見婦女在做家事。

像在屋頂上晾火腿，幾根綿線拉起來，把火腿掛在太陽底下曬，家庭作坊式的製作徽州火腿。在迂迴曲折的村里小道行走，房舍的院子裡，有大大小小的竹篩，正晾著各式各樣的梅菜。

山裡長大的安徽孩子，味覺鄉愁總離不開這兩種味道，左建奎亦如是。

「喜歡梅菜鍋巴，是因為小時候在老家很喜歡吃。你知道農村裡，人們用大鐵鍋做飯，總會有一層鍋巴剩下來。我媽媽會弄點豬油和家裡醃的梅菜做湯汁，泡鍋巴給我吃。

當了大廚以後，我總是想念那種滋味。

但在酒店裡工作，沒有大鐵鍋做飯剩下來的鍋巴，豬油梅菜鍋巴也不會受歡迎。左思右想，我改良了用現成的米飯炸鍋巴，微炸香梅乾菜和火腿攔在鍋巴上吃，有幸得到客人欣賞，於是成為這裡的招牌菜。」

新版梅菜鍋巴的工序，比左建奎吃的要複雜得多。先要用高湯煮梅菜，再壓去湯汁；梅菜要放進熱油裡炸乾，香氣才出來；然後，還要配上火腿及乾辣椒炒香。放在炸好的鍋巴上同吃，酥脆鍋巴上的鹹香氣息，是被陽光濃縮在梅菜裡的濃濃鄉情。

環翠堂
黃山元一柏瑞酒店
黃山市屯溪區新安江南岸新安大道與陽湖路交匯處
查詢：86-0559-2588777

小煎毛豆腐。

● 毛豆腐是徽州特產，古老的製法是用發酵多年的鹽滷汁做豆腐，切成小塊，灑上鹽，再放在竹箕上，置於恆溫恆濕的發酵房裡發酵，四天後，豆腐表面生出如兔毛的菌絲。

安徽人喜煎香蘸辣椒醬吃。

🥄 **毛豆腐簡易做法**

一般人家裡沒有古老鹽滷汁，簡易的做法是買新鮮鹽滷豆腐，請豆腐商給你留點豆腐水；把豆腐切作長1公分、寬3公分、厚2公分的小塊，放在豆腐水中浸泡半天後撈起，置於竹籃裡，上面撒食鹽，然後用濕潤棉布蓋着籃面，移到陰涼乾燥處五天，至豆腐表面長出絨毛。

材料

毛豆腐 ｜15塊

醃料

辣椒醬 ｜1湯匙

做法

1 燒熱油鍋，加入菜籽油。
2 中火煎毛豆腐至兩面金黃。
3 趁熱蘸辣椒醬吃。

武漢。南京。杭州。黃山。

黃山雙石。

● 石耳是一種生長在黃山深山峭壁之間的天然菌類，跟雲耳有點相似，但口感較軟。

石雞則類似於田雞，屬於蛙類的一種，生在陰涼的小溪裡，體積更小，肉質更嫩。

材料
　石耳｜75克＊、石雞｜600克＊＊、薑｜數片
　蔥｜數段、火腿｜1小塊

調味料
　鹽｜1茶匙、高湯｜1杯
　黃酒｜1湯匙、冰糖｜少許

做法
1　石耳先用溫水浸發泡軟，汆燙備用。
2　石雞請魚販代為去頭、皮及內臟，洗淨切塊，汆燙。
3　燒熱油鍋，大火爆香蔥、薑。
4　加入高湯、火腿、冰糖和黃酒，煮融。
5　放入石雞燜煮8分鐘。
6　加入石耳略煮2分鐘，擱鹽調味，起鍋。

＊石耳可用小顆雲耳（黑木耳）代替，然而浸發時間需要加長至半小時；煮時宜與石雞一起下鍋。
＊＊石雞可用田雞代替。

臭桂魚。

材料

桂花魚｜1條，約1200克、薑｜數片、蔥｜數段

肉末｜少許、煙肉（培根）｜少許、熟銀杏（白果）｜數顆

醃料

薑｜數片、大蒜｜數片、蔥｜數段

花椒｜數顆、乾紅辣椒｜數個

調味料

紅油｜1湯匙（或以紅辣椒油代替）、太白粉｜少許

做法

1　新鮮桂花魚請魚販代為去鱗及內臟，洗淨瀝乾。

2　魚身內外抹上鹽、花椒、乾紅辣椒、蔥及薑，放入木桶或其他木製容器內醃製。＊＊

3　醃製期間，需間隔時間翻魚，使之均勻入味。

4　七天後將魚取出，用清水略洗，再汆燙，瀝去水分備用。

5　燒熱油鍋，爆香蔥、薑、肉末、煙肉和銀杏。

6　然後放入醃過的桂花魚，加少許清水及紅油，大火燒開，小火燜燒15分鐘。

7　起鍋前調少許太白粉水，勾芡即成。

＊俗稱鱖魚，或花鯽魚。

＊＊夏天可放在冰箱裡醃，冬天可放在陰涼處醃製。

武漢。南京。杭州。黃山。

197

● 安徽梅菜由小白菜曬成，醃之前並不加糖，跟廣東梅菜用連梗芥菜曬成不一樣，反而有點像橄欖菜*，吃起來鹹香味濃。

梅菜煎鍋巴。

材料

安徽梅菜／廣東欖菜│75克、徽州火腿│小塊
乾紅辣椒│2個、洋蔥│1個
青椒│1個、紅椒│1個、米飯│2碗

做法

1　提早半天蒸好兩碗稍為乾身的米飯，攤成圓形待涼。

2　油鍋中加入花生油，燒熱至攝氏60℃左右，把冷飯放進去煎，用鍋鏟壓緊米飯，半煎炸約1分鐘左右，至底部定形。

3　同時準備一個沾過水的湯勺**，在鍋巴上部把煎不到的米飯挖走。

4　接著把鍋中滾油澆在鍋巴頂部，使鍋巴兩面金黃就可起鍋。

5　梅乾菜洗淨，先加水略煮，然後壓乾湯汁，放入煎鍋巴的熱油中略炸2分鐘。

6　洋蔥、青椒、紅椒、火腿洗淨，切成絲。

7　燒熱油鍋，炒香洋蔥絲、青椒絲、紅椒絲。

8　再加入火腿、乾紅辣椒、梅菜及少許高湯爆炒。

9　澆在鍋巴上即可食用。

*以芥菜製的一種潮汕小菜。
**湯勺沾過水，可使挖飯時較易處理，不粘著。

● 皖南千層鍋是源自安徽績溪的名菜，當地人逢年過節辦喜事，一定要上這道菜。

此菜也喚胡適一品鍋，因為胡適是安徽績溪上莊人，宴請賓客時，上莊一品鍋是他招待外賓的必備菜餚。此餚用料雖與香港客家盆菜不同，卻有異曲同工之妙。

皖南千層鍋。

材料

乾豆角｜150克、筍乾｜75克、油豆腐｜75克、西蘭花（青花菜）｜1棵
雞蛋餃（做法可參考南京食譜）｜10個、鵪鶉蛋｜10顆
鳳鵝*｜半隻、鹹雞*｜半隻、五花肉｜150克、五花豬絞肉｜150克
鮮菇｜5朵、雞蛋｜1顆、薑片｜數片、乾紅辣椒｜數個

絞肉與五花肉的醃料

生抽醬油｜各1湯匙、白糖｜各1茶匙、黃酒｜各1湯匙

調味料

鹽｜1茶匙、生抽醬油｜1湯匙、糖｜1茶匙、黃酒｜1湯匙、高湯｜4碗

做法

1 乾豆角、筍乾水發，切段備用。

2 西蘭花洗淨，切小棵備用。

3 鮮菇洗淨切丁。

4 絞肉加入鮮菇丁，用生抽、白糖、黃酒略醃半小時，調入一顆雞蛋，打起勁，再製成一顆顆肉丸，清水煮熟備用。

5 五花肉洗淨瀝乾，切成片，用生抽、白糖、黃酒略醃半小時。燒熱油鍋，炒香薑片及乾紅辣椒，加入醃好的五花肉片炒熟，起鍋備用。

6 取一個中型鐵鍋，鍋底一層一層放上材料，乾豆角、五花肉片、筍乾、鹹雞、油豆腐、鳳鵝、鵪鶉蛋、肉丸、西蘭花、雞蛋餃。

7 最後加入高湯及調味料，文火煮1小時即成。

*鳳鵝及鹹雞是當地的臘製品，建議可用臘鴨和鹽焗雞代替；如用鮮鴨與鮮雞，宜先醃製，炒至半熟，再同鍋燜煮。

武漢。南京。杭州。黃山。

● 安徽有三大名茶，包括黃山毛峰、猴魁和祁門紅茶，其中，毛峰由於茶香柔和，體積較小，較多為入饌所用。

毛峰雞絲。

材料

毛峰茶葉｜19克、雞胸肉｜150克
紅椒｜1個、青椒｜1個、薑｜數片

醃料

雞蛋白｜1顆、太白粉｜1湯匙

調味料

黃酒｜少許、高湯｜少許、鹽｜1茶匙、糖｜少許

做法

1　雞胸肉洗淨，瀝乾切絲。
2　毛峰茶葉用開水泡出茶水待涼，茶葉留起備用。
3　雞絲用茶水、太白粉和蛋白調勻上勁。
4　燒熱油至八成熱，放入雞絲過一下熱油，至僅熟撈起，倒走油分。
5　燒熱油鍋，大火爆香薑、青椒、紅椒。
6　鍋中倒入黃酒、高湯、糖、鹽，及少許太白粉水，再把浸油乍熟的雞絲放入，略炒起鍋。
7　最後把泡過的茶葉灑在雞絲上即成。

● 古徽州有座問政山，相傳當地出產的筍特別出眾，吃來爽脆而且回味清甜，隨着徽商往全國各地經商而聞名一時，後來更成為朝廷貢品；箇中以春天雷雨季節冒出來的雷筍，最受歡迎。

問政貢筍。

材料

問政山春筍｜12根、豬腿骨｜600克
火腿｜1小塊、帶皮鹹肉｜150克
小白菜｜數棵、薑｜數片、蔥｜數段

調味料

鹽｜少許、黃酒｜1湯匙

做法

1　豬腿骨洗淨汆燙，同時洗淨火腿和帶皮鹹肉。

2　鐵鍋中放油，炒香薑片及蔥段，加入豬腿骨略炒。

3　大湯鍋注入3/4滿的清水，大火燒開，放入火腿、帶皮鹹肉、炒過的豬腿骨、薑、蔥、以及黃酒，小火燉4個小時至湯濃，撇清表面浮末及油脂。

4　洗淨竹筍，削去外皮及老根，用刀剖開一半，放入燉湯中，續燉4個小時。

5　起鍋前，把小白菜洗淨，略為煮熟；鹹肉撈起，待涼切片。

6　濃湯擱鹽調味，再用細網勺濾去雜質。

7　將筍子撈起，排於碟中，放上鹹肉片及小白菜，再澆上濃湯即成。

武漢。南京。杭州。黃山。

● 地皮菜是一種生長在地裡的菌類，也叫地耳。

安徽的山間，清明前下雨後，草地和河灘邊會長出很多，它的口感很脆，吃起來有一點像木耳，適合拌來吃，就像沙拉一樣。

爽口地皮菜。

材料

　地皮菜｜75克、生菜（萵苣）｜半個
　芫荽｜少許、紅椒｜1個

調味料

　芥末油｜1湯匙、陳醋｜1湯匙
　生抽醬油｜1湯匙
　鹽｜1茶匙、白糖｜1茶匙

做法

1　用清水泡地皮菜，多換幾次水，把沙子洗乾淨；再以攝氏60℃左右的熱水汆燙一下，擠乾水分。

2　生菜及紅椒洗淨，切絲；芫荽洗淨，略汆燙瀝乾。全都拌入地皮菜。

3　芥末油、陳醋、生抽、鹽和白糖拌勻。

4　調味料加入地皮菜裡拌勻，即可食用。

● 蟹殼黃是江浙及安徽省一帶的傳統小吃，是酥油燒餅的一種，因烤好後皮呈橙黃色，如熟螃蟹殼而得名。

各地的餡料略有不同，安徽黃山屯溪的蟹殼黃燒餅屬於徽州老風味，以徽州梅乾菜和肉丁做餡，當地人喜於早上吃稀飯時，泡燒餅同吃。

蟹殼黃。

水油皮

中筋麵粉｜150克、白糖｜1湯匙、溫水｜75毫升、豬油｜38克*、酵母粉｜1茶匙

油酥

低筋麵粉｜150克、豬油｜75克

內餡

五花豬絞肉｜300克、乾紅辣椒｜3個、蔥花｜少許
鹽｜少許、白糖｜少許、梅乾菜｜75克

塗抹外皮

雞蛋漿｜1顆、白芝麻｜適量

做法

1 梅乾菜泡清水半小時，洗淨切碎備用。
2 五花豬絞肉以鹽及白糖拌勻備用。
3 酵母粉用溫水溶解備用。
4 水油皮的麵粉及白糖加入溫水拌勻，再加入豬油和溶解的酵母，揉成水油麵。
5 水油麵揉至表面光滑，包上保鮮膜鬆弛15分鐘，再分成20個小麵糰備用。
6 中火煮熱豬油，並將之與油酥的麵粉混合，待涼搓成20個小油酥搓圓。**
7 取一個水油皮，包入一個油酥，包好捏緊，用掌心壓扁，擀成牛舌狀，由下往上捲起。
8 換方向重複一次，先壓扁，然後擀，再捲，蓋上保鮮膜鬆弛15分鐘。
9 大火燒熱油鍋，炒香切碎的乾紅辣椒、蔥花，加入梅菜碎及肉丁，炒勻盛起備用。
10 將油酥皮兩端往中間捏合壓扁，層次面朝上；將油酥皮擀成中間稍厚的圓形片狀。
11 一個油酥皮包入1湯匙肉餡，收口捏緊後，朝下排放在掃好油的烤盤上。
12 最後在每個麵糰上掃上蛋漿，灑上芝麻。
13 以攝氏180℃烤25分鐘即成。

*素食者可以植物油代替豬油，餡料可以改為甜的豆沙或芝麻等。
**搓油酥麵的關鍵是水油皮要比油酥大一點點，包的時候才會好看而不會露餡。

武漢。南京。杭州。黃山。

汪府貢鵝。

● 安徽以吳王貢鵝聞名。相傳唐朝楊行密攻盧州，而被唐昭宗封為吳王，他為官清廉，當地百姓以吳山特產鵝製成滷鵝敬奉；滷鵝肉質細嫩，骨裡透香，堪稱貢品，因而名揚天下。後來滷鵝秘方被吳王府汪氏收藏，迄今已逾千年歷史。

左建奎將滷貢鵝改良成砂鍋燜燒的形式，吃來肉質豐腴，香辣惹味。

材料
光鵝* ｜ 3600克、土生粉 ｜ 300克

調味料
冰糖 ｜ 1塊、蔥 ｜ 數段、薑 ｜ 數片、芫荽 ｜ 適量
乾紅辣椒 ｜ 數個、八角 ｜ 數顆、桂皮 ｜ 1條
白蔻 ｜ 數顆、黃酒 ｜ 2湯匙
生抽醬油 ｜ 2湯匙、老抽醬油 ｜ 1湯匙

做法
1 光鵝洗淨汆燙，斬大塊備用。
2 乾鍋炒熱乾紅辣椒、八角、桂皮和白蔻，用舂春碎，裝入棉紗袋成香料包。
3 燒熱鐵鍋，加花生油炒香蔥和薑，加入鵝塊翻炒。
4 加入黃酒、生抽、老抽、香料包及少許清水。
5 蓋上蓋子，大火燜燒20分鐘。
6 燒開水煮軟土生粉，放入砂鍋底。
7 鵝肉燒好，撇走香料，連汁倒入土生粉上，再下芫荽，以砂鍋上桌。

*宰好的鵝，毛與內臟已去。

徽州女人的酒釀

端午節，小葉家裡肯定要做酒釀的，因為外婆喜歡喝米酒，
十斤糯米，十斤水，加上一兩酒麴和時間釀成。

「外婆喜歡吃酒釀，釀米酒的時候，總會順便多做些酒釀，我坐月子的時候，媽媽也做給我喝。」

笑容可掬的小葉，個子小小，溫婉嫻熟，是安徽女人的典型。以為她還小，不料三年前已經結婚，還有一個一歲多的孩子。丈夫是部隊中人，戀愛時有一段時間駐守青海，幾個月一次休假才能見面，小葉不遠千里到青海會情人，還會打毛衣給他，為他做飯，讓人想起從前徽州女人，等待遠行經商的丈夫回家，一等多少年。現在好了，起碼像小葉這樣的女人，已經可以一個人走得很遠。

小葉幸福，因為媽媽、奶奶和外婆會做菜，小時候不用辛苦做家事，只是在旁邊看，看著看著看出興趣來。像端午節，她家裡是肯定要做酒釀的，因為外婆喜歡喝米酒，十斤糯米，十斤水，加上一兩酒麴和時間釀成。

1 媽媽難得做酒釀，小葉和夫婿聚精會神學習。
2 做酒釀要先把泡足水的糯米蒸熟。
3 用舊棉被把砂鍋完全封緊保暖，一天以後就有酒釀可吃。
4 酒麴是使糯米發酵成酒的酵母。

年紀輕輕的小葉很喜歡做菜，去市場買菜是她的樂趣之一。

「糯米洗乾淨，浸泡一天，等糯米一搓就碎，隔掉水份蒸成糯米飯，再放在小瓦缸裡待涼。混合冷開水鋪平，再在中央挖洞，放進酒麴，然後蓋起來包嚴密，放在溫度高的地方，比如廚房，再用棉被裹起來。小時候有見到外婆做，那時候她都用一種很大很大的瓦缸，缸外還會包用稻草做的簍子，裡面再塞很多棉絮，以保持糯米在三十多度的溫度裡發酵，大約等二十四小時就釀好了。如果天氣冷就得放久一點，放個熱水袋摀住更好。」

二十四小時以後，當瓦缸裡的水漫開，糯米飯會微微浮起，低頭聞有酒香，此時就代表酒釀釀好，可以喝了。這個時候，酒缸溫度不能再那麼高，因高溫會使酒釀變酸。

糯米做的酒釀香氣繚繞，糯米嚼起來粉粉的，米酒微甜，舀一勺燒熱，敲一顆雞蛋進去，微黃的蛋花會繞著糯米粒轉，尚溫熱時慢慢喝下，感受從舌根到腸胃被香甜環抱的滋味，獨守空閨的女

武漢。南京。杭州。黃山。

1 2 3 草魚塊經過醃製、炸透、泡醋汁的過程,成為葉媽媽家的秘製燻魚。

人,在寒冷山區也能一夜好夢。

燻魚母女情

安徽人吃魚,喜歡比江南濃烈的味道;或許因為寒冷,也喜歡喝烈酒,像有名的「皖酒王」,正是出自安徽的白酒。與烈酒搭配的菜自然是味道分明,像草魚,與廣東的鯇魚同品種,葉媽媽喜歡用來做燻魚,此燻不同煙燻,而是先醃後炸再浸醋。

葉媽媽回想,她常做燻魚,全因為小葉喜歡吃。女兒當年吃不慣學校食堂的菜,而學校裡又沒有廚房讓學生自己燒菜,學生根本別無選擇;當媽媽的心疼,於是想出辦法,每次女兒休假回家,她總會預先做好一大盒燻魚,給女兒帶回學校吃。燻魚經過油炸炸透的過程,水分已經完全去掉,不容易壞,放在冰箱裡可以保存一個月。有媽媽的燻魚做菜,不用依賴食堂,小葉是讓同學羨慕的幸福女兒。

安徽山多,高山水質好,葉媽媽用來做燻魚的草魚沒有丁點泥味。魚買回來洗乾淨,先把整條魚掛起來,等水分完全瀝乾,切成細條型,用生薑、大蒜、白酒、老抽、生抽醃一天,起碼要超過十二小時才入味。

燒熱油,用中火炸乾魚塊;炸時,慢慢一塊一塊地炸,只有如此,魚肉才不會黏在一起,炸透成金黃色。葉媽媽炸好一塊,小葉馬上幫忙把魚浸進用白糖、陳醋、胡椒粉和辣椒粉調成的醋汁裡,趁熱一攪一拌,泡一下,再擱在碟上。即使涼了,風味仍然不減。

因為火候掌握得當,泡過醋汁的燻魚還帶點酥脆,是適合下酒的小菜。饞嘴的小葉小時候甚至常把燻魚當零食吃。安徽人家的燻魚,和常吃得到的上海版本不一樣,多了點辣,少了分甜,就像這兒的人一樣,他們少說甜言蜜語,個性直率,喜惡都寫在臉上。

→ 食譜

家常菜五道

酒釀蛋花
黃山燻魚
藍莓醬鴨
蕨菜炒臘肉
葛粉圓子

3

● 安徽人喜吃酒釀蛋花，酒釀發酵的原理與米酒一樣，在江浙、湖北、雲南等地同樣流行。

酒釀蛋花。

材料

糯米 | 600克、酒麴 | 1茶匙*、雞蛋 | 1顆、糖 | 適量

做法

1　糯米洗淨，用兩倍清水浸泡一夜。

2　棉布浸濕後扭乾，鋪於蒸籠內，糯米瀝乾平鋪於棉布上。

3　大火燒開清水，放上蒸籠隔水蒸40分鐘。

4　將蒸好的糯米飯倒於砂鍋中，用木勺攪拌使之略為散熱。

5　然後加點冷開水，拌勻糯米飯，灑入酒麴，並保留中央小洞**，蓋上蓋子。

6　用舊棉被包緊砂鍋保溫，置於廚房或暖和的地方，可以用熱水袋搗在棉被外，保持砂鍋靜止，不要搖動，至一天後見飯洞裡有酒液滲出，聞到酒香即是做好酒釀。***

7　湯鍋中舀一勺酒釀，加一碗清水，大火煮熱。

8　雞蛋打勻倒入酒釀中，加入少許白糖煮融，即可享用。

*酒麴是做酒釀的成敗關鍵，中藥店或傳統雜貨店有售。

**糯米飯中央的洞是用來觀察是否出酒，一天後如見洞中如有糖液滲出，即為出酒，代表發酵成功。

***酒釀發酵完成，需冷藏以防變酸，並儘快食用。

武漢。南京。杭州。黃山。

● 安徽的燻魚與上海菜的燻
魚略有不同，前者辣鹹，
後者略甜，皆適合下酒。

黃山燻魚。

材料
　草魚／鯇魚｜一條，約1200克

醃料
　薑｜適量、蒜｜適量、白酒｜1湯匙
　老抽醬油｜1湯匙、生抽醬油｜1湯匙

調味料
　白糖｜1茶匙、陳醋｜2湯匙
　胡椒粉｜少許、紅辣椒粉｜少許

做法
1　草魚請魚販代為宰好去內臟，去頭尾，洗淨瀝
　　乾水分。
2　魚身切成一公分闊條形。
3　加入薑、蒜、白酒、老抽、生抽，醃12小時。
4　白糖、陳醋、胡椒粉、辣椒粉拌勻成醬汁，備
　　用。
5　大火燒熱花生油，調成中火，慢慢一塊一塊魚
　　肉炸透至乾身。
6　魚肉一炸好，馬上放入醬汁中攪拌入味，即可
　　上桌。

● 安徽土鴨特別多，因河水清澈，鴨子健康，肉質結實，味道也鮮美。

這道藍莓鴨是小葉家的秘製鴨饌，源起是吃多了啤酒鴨，剛好她喜歡吃藍莓醬，於是混合試做；成果不但減輕鴨的鹹味，孩子愛吃，更為她贏了烹飪比賽。

藍莓醬鴨。

材料

光鴨*｜1200克斤

調味料

乾紅辣椒｜3個、桂皮｜1根、香葉（月桂葉）｜3片

豆豉｜數顆、蔥｜數段、薑｜數片

啤酒｜1罐、藍梅醬｜2湯匙

生抽醬油｜2湯匙、老抽醬油｜2湯匙

做法

1　鴨子洗淨瀝乾，斬塊備用。

2　用一個乾紅辣椒，加上桂皮、香葉、豆豉，裝入棉紗袋成香料包。

3　燒熱鐵鍋，加入花生油，炒香蔥、薑、兩個乾紅辣椒，放入鴨塊炒至轉色。

4　再倒入老抽、生抽翻炒，放入香料包，倒入一罐啤酒。

5　蓋上蓋子，燜燒一個半小時至收汁。

6　最後加入藍莓醬翻炒均勻，即可起鍋。

*宰好的鴨，已去毛與內臟。

武漢。南京。杭州。黃山。

蕨菜是一種山野菜，通常在清明前後生長。鮮蕨可以炒徽州火腿或臘肉，或曬乾做乾蕨。

蕨菜吃來有點苦澀味，據當地人說，有清腸健胃，舒筋活絡等功效。

蕨菜炒臘肉。

材料

蕨菜｜600克*、臘肉｜1條、乾紅辣椒｜2個

調味料

白糖｜適量、鹽｜適量

做法

1　鮮蕨菜洗淨，切段汆燙，瀝乾備用。

2　小火略煎臘肉，待臘肉出油，油脂變金黃，邊緣捲起撈出，瀝油備用。

3　倒入少許花生油，爆香乾紅辣椒，下蕨菜段翻炒一會兒。

4　加入煎好的臘肉、白糖、鹽，翻炒起鍋即成。

*如果找不到適合的蕨類野菜，可以試用韭菜或韭菜花等香氣濃的蔬菜代替。

● 葛粉就是葛根磨成澱粉，只有大山裡才找得到，一般生長至泥土下很深的位置，屬於黃山山珍之一。

當地人視它為解酒佳品，感冒時也會攪拌葛粉糊來吃。

葛粉圓子。

材料

葛粉｜1碗、清水｜1碗、冬筍｜1根
胡蘿蔔｜1根、豆乾｜5塊、鮮菇｜5朵

調味料

鹽｜2茶匙

做法

1 冬筍、胡蘿蔔、豆乾、鮮菇洗淨，切丁備用。

2 鐵鍋放少許油，翻炒冬筍丁、胡蘿蔔丁、豆乾丁、鮮菇丁至熟，下鹽調味。

3 葛粉放於大碗中，加冷水打成漿攪勻，倒入炒好的蔬食丁裡。

4 以中火繼續攪拌葛粉約2分鐘，至呈透明狀。

5 起鍋稍為冷卻，用手捏成一個個直徑三公分的丸子。

6 入蒸籠大火蒸至熟透即成。

武漢。南京。杭州。黃山。

快樂尋味‧中華名菜150

江畔食途 武漢｜南京｜杭州｜黃山

採訪撰文　彭嘉琪
攝　　影　陳偉民

發 行 人　程安琪
總 策 劃　程顯灝
總 編 輯　潘秉新
執行總編　錢嘉琪
主　　編　張小眉
美術設計　吳慧雯

出 版 者　橘子文化事業有限公司
總 代 理　三友圖書有限公司
地　　址　106台北市安和路2段213號4樓
電　　話　（02）2377-4155
傳　　真　（02）2377-4355
E - m a i l　service@sanyau.com.tw
郵政劃撥　05844889三友圖書有限公司

總 經 銷　大和書報圖書股份有限公司
地　　址　新北市新莊區五工五路2號
電　　話　（02）8990-2588
傳　　真　（02）2299-7900

http://www.ju-zi.com.tw
橘子 & 旗林 網路書店

初　　版　2012年11月
定　　價　新臺幣380元
I S B N　978-986-6062-27-8（平裝）

國家圖書館出版品預行編目資料

快樂尋味.中華名菜150:江畔食途 武漢 南京 杭州 黃
山 / 彭嘉琪採訪撰文. 一初版. 一 臺北市：橘子文
化, 2012.11
　面；　公分
　ISBN 978-986-6062-27-8(平裝)
1.飲食風俗 2.食譜 3.中國
538.782　　　　　　　　　　　101021710